我的第一本
民法典启蒙书

身边的民法典故事

代晓琴 ◎ 著

中国法制出版社
CHINA LEGAL PUBLISHING HOUSE

序

“读万卷书，行万里路。”对于一只有理想、有毅力的魔法狮而言，读过“万卷书”之后，还要行“万里路”。不瞒你说，我已经给自己放了一个长假，去香格里拉、山水桂林、江南水乡等好多个景点走了走、看了看。

旅游的心情，自然是非常愉快的。这期间，我收到了你的同龄人寄来的很多信件。耐心回信，为他们解惑答疑，分享心得，自然也是快乐的事——实际上，这比我旅游的心情还要愉快、还要开心。

最近一段时间，我收到了你的同龄人寄来的很多与之前不一样的问题。这些问题困扰着他们，让他们辗转反侧。为此，我也忧心忡忡——毕竟，我是读过“万卷书”的魔法狮，要是不能为他们解惑答疑，那得多没面子呀！最关键的是，我将要失去好多好学的学生。这是我最不乐意看到的结果。

事不宜迟，我果断结束了长长的假期，仔细研究了他们提出的问题，再读“万卷书”。非常幸运，我发现这些问题的答案，全都藏在一部法典中。

法典是什么？它和法律有没有关联？什么样的法典能解答你的同龄人那么繁多的问题？为此，我花了好多时间，埋头通读了那部神秘法典的所有内容，以及与它有关的所有书籍，漫游在比山高、比海深的书海中……慢慢地，我找到了答案。

千万别误会，认为我会让你和你的同龄人像我一样埋头通读那部法典的所有内容，以及与它有关的所有书籍，漫游在比山高、比海深的书海中……要知道，对于一只幽默乐观、魔力无限的魔法狮而言，无论多么高深的学问，我都会将它变得生动有趣、简单易学。放松心情，让我们一起走进那部神秘的法典，解答心中的疑虑。

目录

第三篇　你的权利“典”做主

第一篇 开门见“典”

1.“法典”来了

法典是什么，它和法律能不能沾上边儿？如果沾上边儿，它们又有什么关联？一起来学学！不，我们还没做好准备呢，怎么一下子就要上课了？还是先玩一玩再说吧。

让我们眯上眼睛，在心里默念三遍“穿越”二字，一起嗨起来。很荣幸，我们来到了古巴比伦王国，见到了他们的第六任国王，也就是汉谟拉比——一位英勇善战的精瘦老头。他曾在一系列战争中击败邻国，拓宽了本国的领土，还修建了巴比伦城墙，让古巴比伦王国达到鼎盛。

想必具有如此丰功伟绩的国王，一定威风八面、无忧无虑吧。恰恰相反，这位国王因为每天要处理各种各样的案件，早已心力交瘁。这不，他又彻夜难眠了。

“唉，每天都这样劳累，真不知道什么时候是个头！倒不如……”汉谟拉比灵机一动，想到一个好办法，也就是让大臣们把过去的一些法律条文收集起来，再加上社会上已形成的习惯，汇编成一部法典。

大臣们得令后，立马行动起来。在公元前 1776 年的时候，大臣们完成了汇编工作，并将这部共 3500 行、282 条的法典命名为《汉谟拉比法典》。汉谟拉比国王仔细阅读法典之后，命令大臣们将原文刻在一段高 2.25 米，顶部周长 1.65 米，底部周长 1.90 米的黑色玄武岩石柱上。就这样，一部年代久远、完整保存下来的成文法典，便诞生了。因为这部法典被刻在石柱上，所以又名"石柱法"。

说到这里，我们一定明白了法典其实相当于同一门类的各种规范经过整理、编纂而形成的系统的法律。

"法典"来了！但我们千万别将《汉谟拉比法典》当作世界上最早的一部成文法典。因为在更早的年代，已经诞生了一部法典。只不过，它的文字已经模糊不清了。

让我们眯上眼睛，在心里默念三遍"穿越"二字，去更早的乌尔第三王朝看看。同样幸运的是，我们见到了他们的国王乌尔纳姆。当时，总揽全国大权的他，同样要处理很多事务。小事、大事、家事、国事，事事都得操心。焦头烂额之下，他命令大臣们总结汇编了一部适用于乌尔全境的法典——《乌尔纳姆法典》。

《乌尔纳姆法典》包括序言和正文两大部分，共 29 条，主要涉及政治、宗教和法律等方面。遗憾的是，乌尔纳姆国王似乎没有汉谟拉比国王那样有远见，他没有将法典刻在石柱上，只命令大臣们将法典刻在了难以保存字迹的泥板上。所以，至今我们也不能完整地看到这部法典的全貌。

后来，《苏美尔法典》《亚述法典》《十二铜表法》《摩奴法典》《查士丁尼国法大全》《法国民法典》《德国民法典》《苏俄民法典》《美国统一商法典》也陆陆续续、如雨后春笋般地来到了这个世界。

“法典”的大门，正式向我们打开了。

魔法小贴士

“法典”相当于同一门类的各种规范经过整理、编纂而形成的系统的法律，为现行法系统化的表现形式之一。世界上最早的一部成文法典名叫《乌尔纳姆法典》，由乌尔王国乌尔纳姆国王命令大臣们总结汇编而成。

2. 我们的法典

爱玩游戏，是我们的天性。好的游戏益智健脑、有益身心，网络游戏容易上瘾，一味沉迷不但影响学习且不利于身心健康，还会造成财产损失。一不小心，“打赏”了大量的钱款出去，想要要回怎么办？因为突发事件，父母无法履行监护职责，我们的生活无人照料怎么办？因为种种原因，我们的生活失去保障怎么办？父母离异，我们不能决定跟谁生活，又怎么办……当同龄人提出这一大堆几天几夜也答不完的问题时，我们或许正过着幸福快乐的日子，似乎这一切都与我们不沾边儿。但愿我们都是这样的幸运儿。聪明的你应该知道，即便这样，我们也不能不去探寻那部神秘的、能保护我们权益的，而且属于我们自己的法典。

它究竟是怎样的法典，又藏在哪儿？让我们眯上眼睛，在心里默念三遍“穿越”二字，先从乌尔第三王朝时期回来再说。

呀呀呀，我们光顾着说话，身体没坐直，以至于偏离了时间轨道，来到了 1950 年的中国。那时候，中华人民共和

国刚刚成立，举国欢庆，一派欣欣向荣的景象。一位法官拿了一部刚颁布施行的《婚姻法》给我们。虽然它与你的同龄人提出的问题沾点边儿，却不是我们要找的那部法典。

让我们眯上眼睛，在心里默念三遍“穿越”二字，到后面的年份看一看。哇，这次我们来到了 1985 年，也就是改革开放后。我们找呀找，找到了一部《继承法》。虽然，它能帮助你解决一些难题，却不能解决你的所有困惑。所以，它并不是我们要找的法典。

继续“穿越”，继续寻找。渐渐地，我们还找到了《民法通则》《收养法》《担保法》《合同法》《物权法》《侵权责任法》和《民法总则》。这一部部法律，虽然多多少少与你的同龄人提出的问题沾点边儿，却也不是我们要找的法典。

时间时间像飞鸟，嘀嗒嘀嗒向前跑。呀呀呀，我们来到了 2020 年夏天。找呀找，终于找到了它——《中华人民共和国民法典》。没错，我说的那部神秘的法典，其实就是《中华人民共和国民法典》。

这部法典是 2020 年 5 月 28 日由我国第十三届全国人民代表大会第三次会议表决通过的。而且，它是我国第一部以法典命名的法律，同时也是我国目前规模最为庞大的法律，汲取了《婚姻法》《继承法》《民法通则》《收养法》《担保法》《合同法》《物权法》《侵权责任法》和《民法总则》的精髓，并密切联系生活实际进行整理后编撰而成。用一句不是吹牛的话来说，这部法典就是我们的“社会生活百科全书”。《民法典》自 2021 年 1 月 1 日起施行，《婚姻法》《继承法》《民法通则》《收养法》《担保法》《合同法》《物权法》《侵权责任法》

任法》《民法总则》这九部法律同时废止。

很大程度上而言，这部很牛的《民法典》是属于“人民”的法典。民法，就是关于“人”的法，说的主要是“人”在这个社会中享有什么样的权利，承担什么样的义务，不履行义务应当承担什么样的责任。值得一提的是，你是不同的“人”，所享有的权利和承担的义务也会有所不同。你是谁——这个问题，是该沉下心来思考一下了。

魔法小贴士

《中华人民共和国民法典》是我国第一部以法典命名的法律，同时也是我国截至目前规模最为庞大的法律，依次分为总则编、物权编、合同编、人格权编、婚姻家庭编、继承编、侵权责任编以及附则，共 1260 条。该法典于 2020 年 5 月 28 日，由我国第十三届全国人民代表大会第三次会议表决通过，自 2021 年 1 月 1 日起施行。

3. 你是谁

我是谁，谁是我？我是魔法狮，魔法狮是我。我是高山、大海，是蓝天、白云……这，一点儿也不奇怪，因为我随时随地都能施魔法。有时候我会将自己变成一只大老虎，有时候我会将自己变成一只活蹦乱跳的小白兔，有时候我会将自己变成一棵树，有时候我甚至还会将自己变成空气，让你看不见也摸不着。所以，有时候老虎、白兔，或者看不见、摸不着的空气，也有可能是我。

你是谁，谁是你？你是张三、李四，是小白、小黑。报上名来，大家和我都知道张三、李四，或者小白、小黑就是你。一切，都是那么简单明了。有点儿遗憾，你还不会魔法，不能像我一样天马行空地变来变去。但作为人，你与生俱来就有了“变”的天赋。

当你呱呱坠地，从妈妈肚子里生出来的那一刻起，就开始了人生的第一次“变”。那时候，你变的是“自然人”，就像你的爸爸妈妈、爷爷奶奶、外公外婆，还有兄弟姐妹、老师同学那样，是一个自然而然出生的人。既然和大家一样，

都是自然人，那么你和大家都是平等的，从出生到死亡，你都能享有自然人享有的权利、义务。

“自然人”这个“标签”，会陪伴你一生。这期间，你还会不停地“变”。

你从一个襁褓中的婴儿变成会说话、会走路的小朋友，上幼儿园、一年级、二年级，你觉得你正在一天天长大，但你还没有满 8 周岁。天真无邪的你除了学习，就是玩，不能对自己的行为依法行使权利和承担义务，更没有能力做一些大人才能够做的事。这时候的你，还没有成年，是一个未成年人，“变”成了“无民事行为能力人”，大事、小事，都得由家长做主。

8 周岁生日说来就来，你长高了，变大了，认为自己懂得很多。但你距离 18 周岁还有很长一段时间，你仍然是一个未成年的小家伙。不过，你已经对自己的行为有了一定的辨识能力，有了一定的是非观念，知道什么是好，什么是坏。外面的世界很精彩，但是也很无奈，因为不是每一个人都像我，或者像父母长辈那样爱护你、保护你。受骗上当，在所难免。有时候，你被骗了，还不知道呢！这时候的你，虽然对自己的行为有了一定的认知和把控能力，但却还不能完全对自己的行为负责，依法行使权利和承担义务。所以，你“变”成了“限制民事行为能力人”。你对自己的大事、小事有发言权，但还需要得到家长的认可才能生效。

如果碰巧16周岁那年，你有了自己的工作，靠自己的双手养活自己，生活无忧无虑。而且，你对自己的行为有一个正确的认识和把控，能够承担责任和义务。那么，恭喜你，今后你的大事、小事都可以自己做主了。这时候，虽然你还未成年，但“变”成了“完全民事行为能力人”。

过完18周岁生日，你“变”成了成年人。成年人能够对自己的行为承担义务、享有权利，说话、做事都要负责任。那时候，你又“变”成了“完全民事行为能力人”。你长大了，就应该对一切负起责任来——当然，这是以后的事了。

现在，想必你已经明白自己是自然人，在不同的阶段可以变成未成年人、成年人，还可以变成无民事行为能力人、限制民事行为能力人、完全民事行为能力人。这，是不是很有趣?

那么，现在的你，处在哪个阶段，又“变”成了哪种“人”呢?

魔法小贴士

自然人是在自然状态下出生的具有自然生物属性的人，简言之，就是生物学意义上的人。自然人从出生开始就获得了民事主体资格。《中华人民共和国民法典》第十七条规定，十八周岁以上的自然人为成年人。不满十八周岁的自然人为未成年人。第十八条第二款规定，十六周岁以上的未成年人，以自己的劳动收入为主要生活来源的，视为完全民事行为能力人。

第二篇

魔法“变变变”

1. 小小的“大额消费”

作为一只资深魔法狮，我不费吹灰之力就能变出小花、小草、蓝天、白云、彩虹，变出汉堡、肉夹馍、曲奇饼、炸鸡腿……你想要什么，我都能变出来。有时候，我甚至可以将自己变成一只小蚂蚁、小蝴蝶或者小蜻蜓，偷偷跟在你身后，看看你有没有调皮捣蛋。会变魔法的我，是不是很有意思呢？其实，有时候我也挺闷的，想找个人说说话，或者找个徒弟来教一教——毕竟，我还是一只爱当老师的魔法狮呀！

前不久，我认识了一位名叫小小的孩子。他和你一样，对魔法很感兴趣，天天缠着我给他变魔法。按道理，他应该学会一些魔法才对。可是，他并不爱学魔法，只想让我给他变魔法。对于这种不爱学习的孩子，我真不想理会。

一天上午，小小兴冲冲地跑过来找我。我心头一热，以为他要拜我为师，学习魔法。不料，他居然不想当我的徒弟。

“魔法狮，请你给我变一套最厉害的游戏装备吧。”小小缠着我，让我给他变游戏装备。

玩网络游戏很容易上瘾，不但浪费时间，危害身体和心理健康，而且还会影响正常的学习、生活，使小朋友出现成绩下降、上课没精神、逃课、与别人打架等不良现象——虽然之前我也爱玩网络游戏，但我早就改过自新了。我可不愿意小小成为玩网络游戏上瘾的孩子。为此，我毫不犹豫地拒绝了他的请求。

一连好几天，小小都没来找我。我以为这辈子他都不会来找我了。没想到几天后，他竟然真的要拜我为师。

“魔法狮，我要跟你学魔法，将转给别人的钱变回来……”原来，小小离开我后，天天躲在家里玩游戏。为了获得更好的游戏装备，他将妈妈账号里的钱悄悄转了好几千元充值给游戏平台。这事儿，被妈妈发现了。

“现在知道错了，知道跟我学魔法了……如果你能保证不再沉迷网络游戏的话，我就教你另一种魔‘法’，让你光明正大地将钱‘变’回来。”我本来想数落小小一番，但是见他一副可怜兮兮的样子，心又软了下来。我在想，要是教给他真正的魔法，指不定他还会闹出什么乱子来。

“我保证今后再也不玩网络游戏了。骗你是小狗！不管是哪种魔法，只要能要回钱，我都愿意学。”小小心急火燎的样子，让我觉得是时候收他为徒了。

为此，我大手一挥，变出一部《民法典》，指着上面的条款，让小小学习，“你看看这部法典的第十九条和第二十条。”

小小看了好一会儿，没看出名堂。我不得不点醒他，“第十九条规定，八周岁以上的未成年人为限制民事行为能力人，实施民事法律行为由其法定代理人代理或者经其法定代理人同意、追认……第二十条规定，不满八周岁的未成年人为无民事行为能力人，由其法定代理人代理实施民事法律行为。你几岁？”

“我 12 岁。”小小答道。

“12 岁，属于 8 周岁以上的未成年人，为限制民事行为能力人，实施民事法律行为需由其法定代理人，也就是你的父母代理或者经你的父母同意、追认。你偷偷转给游戏平台的钱，只要妈妈没有追认，就不算数，可以要回！”我说。

“我要用用这个魔‘法’。”小小得到“法宝”，信心百倍地离开了我。相信他一定能“变”回转给游戏平台的钱，更希望他再也不要沉迷游戏。

魔法小贴士

《中华人民共和国民法典》第十九条规定，八周岁以上的未成年人为限制民事行为能力人，实施民事法律行为由其法定代理人代理或者经其法定代理人同意、追认；但是，可以独立实施纯获利益的民事法律行为或者与其年龄、智力相适应的民事法律行为。第二十条规定，不满八周岁的未成年人为无民事行为能力人，由其法定代理人代理实施民事法律行为。

本故事中，小小 12 岁，属于 8 周岁以上的未成年人，为限制民事行为能力人，实施民事法律行为需由其法定代理人，也就是他的父母代理或者经他的父母同意、追认。所以他偷偷转给游戏平台的钱，只要妈妈没有追认，就不算数，能要回。

2. 处境危困的浩民

假如有一天，我被人关起来，藏在某个无人知晓的僻静角落，我只需轻轻吹一口气，说声“变”，就能逃脱困境。假如有一天，有人想要欺负我，将属于我的东西抢走，让我没有饭吃，没有钱花，我只需轻轻吹一口气，说声“变”，就能要回属于我的东西，并且扬眉吐气，给那个想要欺负我的人一个下马威，看他还敢欺负谁！假如我被困住，又被没收了所有的随身物品，我还是可以轻轻吹一口气，说声“变”，变回我的随身物品。魔法，真是一个不赖的本领。

如果你不幸有了上文的遭遇，你会怎么办？用魔法吗？如果你有魔法，当然可以用。如果你没有魔法，该怎么办？想办法求助，想办法自保，想办法逃脱敌人的魔爪，这都是积极向上的表现，非常好。但前不久我遇到一位小朋友，他的情况却不容乐观。

这位小朋友叫浩民。初次遇见他的时候，我就感觉他与一般的小朋友有些不一样。他内向、不爱说话、不爱交朋友，似乎和大家之间有一道无形的屏障，拒人于千里之外。

有一天，我实在忍不住，走到他面前，给他变了一个魔法，想逗他开心一回。结果反而将他弄哭了。

“要是爸爸也能对我这样好，我就幸福了。”浩民的眼泪哗啦啦地往下流。

“你爸爸对你不好吗？”我惊异地打量着眼前这个孩子。他摇摇头，咬住嘴唇，一句话也没有说。我知道，他又要开始沉默了。

这难不倒我。我对准他的太阳穴，说声“时光回看”，目睹了他所遭遇的一切。原来，浩民的父母几年前就离婚了。父母离婚的时候，他只有 5 岁，抚养权判给了爸爸。之后，浩民爸爸的单位裁员，浩民爸爸失业了。再后来，浩民爸爸找了一份开出租车的工作，经常好几天都不着家。他通常提前做好几天的饭菜，放在冰箱里，让浩民自己热热吃。为了不让浩民乱跑，他将浩民锁在家里，不让他出门。

一次，浩民一个人在家时不小心打翻了热水壶……若不是邻居张大爷及时报警，就酿成大祸了。

浩民的爸爸知道这事后，狠狠地教训了浩民一顿。末了，还威胁他说：“我整天忙前忙后，你还在家调皮。再这样，我就用链子将你拴起来。”

邻居张大爷看不过，劝浩民爸爸如果实在忙不过来的话，就将浩民交给他妈妈抚养。浩民爸爸一听，气不打一处来，“就是死，我也绝对不会交出孩子的抚养权。”

张大爷见浩民爸爸的态度如此坚决，也不好再说什么。接下来，浩民又过上了被关在家的日子，并接二连三地出了几次危险。

浩民的爸爸意识到长此以往也不是办法，索性将他带到伯伯家，请伯伯照顾浩民的堂哥时，顺便照顾一下浩民。

浩民的堂哥十来岁，患有间歇性精神病，平时看不出任何异常，发病就要打人，由伯伯专门看护着。伯伯年纪大了，应对堂哥就已经力不从心，根本无暇顾及浩民。

浩民从小就知道堂哥发病就要打人的事，所以他很不情愿去伯伯家，更害怕和堂哥待在一起。可不论他怎样央求，他的爸爸都无动于衷。这期间，浩民被堂哥打过几次。最严重的一回，他的鼻梁被打骨折了。浩民以为爸爸会因此改变对他的安排，不料爸爸却说，“鼻梁断了又不会死人，忍忍就过去了。”

浩民成天过得提心吊胆——他真害怕哪一天被堂哥打死。

“你的处境如此危险，为什么不寻求帮助？”看过浩民的遭遇之后，我非常吃惊。

“法院已经将我判给了爸爸，我就得听从他的安排。”浩民低垂着头，一副忍气吞声的样子。

“别着急，我替你出口气。”我说声“变”，将浩民的爸爸变成了一根葱。

“虽然爸爸有错，但也不能将他变成葱。”浩民的内心很善良。

“开个玩笑，只想逗你笑一笑。其实，我还会别的魔‘法’。”说话间，我将浩民的爸爸变了回来。之后，我还变出一本《民法典》，指着上面的第三十六条第一款，告诉他，“监护人有实施严重损害被监护人身心健康的行为；怠于履行监护职责，或者无法履行监护职责且拒绝将监护职责部分或者全部委托给他人，导致被监护人处于危困状态等情形之一的，人民法院根据有关个人或者组织的申请，撤销其监护人资格，安排必要的临时监护措施，并按照最有利于被监护人的原则依法指定监护人……你妈妈对你如何？”

“我希望跟随妈妈生活。我可以请妈妈出面帮忙变魔‘法’吗？”浩民一听到妈妈两个字，眼里马上掠过一丝光亮。

“当然可以！一切都会好起来的。”看到浩民知道为自己的权益抗争，我欣慰地说。

魔法小贴士

《中华人民共和国民法典》第三十六条第一款规定，监护人有实施严重损害被监护人身心健康的行为；怠于履行监护职责，或者无法履行监护职责且拒绝将监护职责部分或者全部委托给他人，导致被监护人处于危困状态等情形之一的，人民法院根据有关个人或者组织的申请，撤销其监护人资格，安排必要的临时监护措施，并按照最有利于被监护人的原则依法指定监护人。

本故事中，浩民的爸爸因为工作关系无暇照顾浩民，宁可将浩民关起来也不将他交给他的妈妈，以及后来将浩民寄养在伯伯家置于险境的行为，都属于“无法履行监护职责且拒绝将监护职责部分或者全部委托给他人，导致被监护人处于危困状态”的情形。所以浩民有权通过法律手段撤销爸爸的监护资格，重新指定监护人。

3. 当突发事件来临时

小时候，我和爸爸妈妈，还有一帮兄弟姐妹生活在辽阔的大草原上。白天，我们一家在大草原上嬉戏打闹；夜晚，我们躺在草坪上，一边看星星，一边听爸爸妈妈讲故事，不知不觉就进入梦乡。童年的生活，真是太美好了。

你也有爸爸妈妈，有兄弟姐妹，还有很多小伙伴、好朋友。在爸爸妈妈、兄弟姐妹、小伙伴、好朋友的陪伴下，你的童年也是那样美好而熠熠生辉。你无忧无虑、天真活泼，是一个人见人爱的乖孩子，一切都是那样顺理成章。

对你、对我而言，世界真是太美好了。然而，就在我们生活的这个世界中，总有一些突发事件，令人猝不及防、不知所措。所以有时候，我们不得不去思考一些或者现实存在、或者根本不会发生的事情，不管怎样，未雨绸（chóu）缪（móu）总没有错。

试想一下，假如有一天，我们的爸爸妈妈突然因为一些事情暂时不能与我们相见，无法照顾我们，我们是不是很伤心、很无助？生活，不得不继续，我们怎么办？对于一只有魔法的狮子而言，这样的问题根本就不是问题，但对于你而言，恐怕就有点儿难了。

也许你灵机一动，想让我给你变一个爸爸、一个妈妈。想法很不错，而且也很容易办到。可你有没有想过，你的爸爸妈妈回来之后，被变出来的爸爸妈妈怎么安排。将他们变没了吧！哈哈，这个想法也很容易做到。只不过，真假爸爸妈妈几乎一模一样，要是一不小心，将真的爸爸妈妈变没了，可怎么得了？

2020 年年初，新冠病毒到处无情肆虐。小美的父母去出差，因为路过疫情地区，有被感染的风险，所以不得不被

隔离起来。小美年纪很小，一个人在家。她除了能做一些简单的家务之外，并不能独立地照顾自己，生活面临很大的困难。正当小美感到孤立无援时，当地民政部门派人来了，他们安排了一位民政部门的女性工作人员，专门照料小美的生活起居，一直到小美的爸爸妈妈解除隔离，一家人终于和和美美地团聚了。

小军和小美年龄相仿，也遭遇了父母被隔离的突发情况。由于他住在偏远山区，当地民政部门没有及时得到他父母被隔离的消息。所幸的是，当地村民委员会的叔叔发现了小军一个人在家、生活无着落的情况。村民委员会的叔叔高度重视，将小军的生活安排得妥妥帖帖，直到他的父母解除隔离，回到他的身边。

小美和小军的问题解决了，但是还有很多孩子，因发生突发事件等紧急情况，他们的爸爸妈妈暂时无法履行监护职责。遇到这样的情况怎么办呢?

不用着急，一起来看看我们的魔“法”——《民法典》第三十四条第四款规定，因发生突发事件等紧急情况，监护人暂时无法履行监护职责，被监护人的生活处于无人照料状态的，被监护人住所地的居民委员会、村民委员会或者民政部门应当为被监护人安排必要的临时生活照料措施。

这，无疑“变”出了让我们在遭遇突发事件时，生活无忧的“定心丸”。

魔法小贴士

《中华人民共和国民法典》第三十四条第四款规定，因发生突发事件等紧急情况，监护人暂时无法履行监护职责，被监护人的生活处于无人照料状态的，被监护人住所地的居民委员会、村民委员会或者民政部门应当为被监护人安排必要的临时生活照料措施。

本故事中，小美、小军的父母因疫情被隔离，属于发生突发事件等紧急情况，监护人无法履行监护职责的情形，因而他们在生活无人照料的时候会得到民政部门和村民委员会等机构的临时生活照料。

4. 被泄露的个人信息

魔法狮，尤其是特别著名的那种，是最怕被人无缘无故打扰的。你知道，我说的打扰，并不包括像你这样好学的同学，以及那成千上万的粉丝们。一直以来，没有学生和粉丝以外的人知道我的住处和电话号码。想联系上我，可不是一件容易的事。

突然有一天，你接到一个陌生电话。电话那头的人知道你的姓名、性别，知道你几岁，生日是哪一天，知道你的住所，而且还能具体到某个小区的几单元几楼几号。他似乎对你的情况了如指掌，可他并不是你认识的人，甚至一面之缘也没有。他开始向你推销产品，他滔滔不绝的样子，就像你的老熟人。你若挂断他的电话，他也不生气，只是隔三差五地给你来几通电话，搅得你心神不宁。

正当你疑惑是谁对你恶作剧时，你又接到了银行给你的欠费账单。你没有去这家银行办卡，也没有和这家银行有任何的业务往来。那么，很明显是有人冒用了你的身份办卡，进行恶意透支，还消费了不少钱。紧接着，有人冒用你的名字和身份信息做了坏事，警察叔叔也找上了你。

一波未平一波又起，搞得你整天晕头转向。问题，究竟出在哪里?

魔法狮，快来帮帮忙呀!

以我多年的经验判断，很明显，你的个人信息被泄露了。“魔法魔法变变变！”我大手一挥，将我们变回到一年前的时光空间去。很快，我们就有了发现。原来，你每次拆快递都没有将外包装上的个人信息擦去，让别人有了窃取你个人信息的机会。之后，你的个人信息被上传到网上，和其他人的信息一起被贩卖，有人在网上购买了你的个人信息……之前的骚扰电话，银行的透支账单，以及后来的冒名犯案，都是这个缘故。

魔法狮，再帮个忙，将泄露的信息变回来。

这事儿对我而言是很容易的。“魔法魔法变变变！”一瞬间，你的个人信息就回到了你面前。

这样的魔法，我或许可以帮你变一次、两次，但不能帮你一世。能帮你的，是另一种魔“法”——我国的《民法典》。它的第一百一十一条规定，自然人的个人信息受法律保护。任何组织或者个人需要获取他人个人信息的，应当依法取得并确保信息安全，不得非法收集、使用、加工、传输他人个人信息，不得非法买卖、提供或者公开他人个人信息。也就是说，当你遭遇信息泄露问题时，一定要第一时间报案。

当然，防患于未然才是帮你的法宝。生活中，你要时刻注意保护自己的个人信息安全。譬如，在收到快递之后记得涂抹覆盖快递单上的个人姓名、地址、电话号码等重要信息；在上网的时候，不要随意留下自己的姓名、身份证号码、手机号码等个人信息；在网吧上网时，离开前要记得清理掉自己的上网记录、账号记录。

魔法小贴士

《中华人民共和国民法典》第一百一十一条规定，自然人的个人信息受法律保护。任何组织或者个人需要获取他人个人信息的，应当依法取得并确保信息安全，不得非法收集、使用、加工、传输他人个人信息，不得非法买卖、提供或者公开他人个人信息。

生活中，我们要时刻注意保护自己的个人信息安全。当遭遇信息泄露问题时，一定要第一时间报案，拿起法律武器自卫。

5. 好心情坏心情

有时候我的心情很好，有时候我的心情很糟糕。心情好的时候，我的世界晴空万里，五彩缤纷；心情不好的时候，我的世界大雨滂沱，天昏地暗。

你的心情，也一定有好有坏。心情好的时候，做什么事儿都带劲儿；心情不好的时候，做什么事儿都没劲儿。

做一个实验，看看你的心情怎么样。你从家里走出门，来到一条小巷，低头，仔细看看旁边的角落，看看发现了什么？一只钱袋子，没错，就是一只钱袋子，里面还有几张百元大钞。左看右看、前看后看，小巷里一个人也没有。不偷不抢，平白无故得到一笔钱，心情自然是高兴的。

有了这些钱，你可以买已经看中却还没舍得买的衣服、文具，当然还有好吃的、好玩的。想想就觉得高兴。有了这些钱，你还可以买牛肉比萨、炸鸡腿、海苔等好多好吃的，和小伙伴们一起去野餐。野餐完了，还有余下的钱，你们还可以去游乐场玩上整整一天。想想这些，是不是也挺开心？

在你开心快乐的时候，有一个人，也就是丢掉钱袋子的那个倒霉的小女孩，却在角落里偷偷抹眼泪。本来，她可以用这些钱和小伙伴们开生日舞会；本来，她可以用这些钱给自己买画板、画笔，去野外写生；本来，她也可以用这些钱和小伙伴们去游乐场玩上整整一天……可是，她的钱袋子丢掉了。一切的“本来”，都不可能实现。她的心情，必定很糟糕。

如果你没有站在丢钱袋子的小女孩的角度想一想，就冒然动用钱袋子里的钱，也许你会很开心。但你真的能心安理得地享受这不合情理的“飞来横财”吗？不能，绝对不能。因为你得到的那笔钱，没有合法依据，是有损于小女孩而取得的利益，属于不当得利。按照《民法典》第一百二十二条，

“因他人没有法律根据，取得不当利益，受损失的人有权请求其返还不当利益”的规定，小女孩是可以要回自己钱袋子里的钱的。

什么？小女孩不会知道钱袋子是你捡到的，她没办法要回自己的钱袋子。有这样想法的，多半存在侥幸心理，但你真的开心吗？

“魔法魔法变变变！”将你和小女孩的角色互换，让你来当一回丢失钱袋子的小女孩。这时，你的心情如何？是不是来了一个大大的转变——从捡到钱的好心情，一下子跌落到低谷，伤心欲绝。此刻，你的心里是不是特别难受？是不是超级想要回丢失的钱袋子？

所以，当你捡到或者无意间得到不属于自己的钱财或者东西的时候，最好站在原地等待失主来认领。当然，也可以交给警察叔叔，让他们帮着寻找失主。拾金不昧，看到物归原主，失主有了好心情的同时，我们的心情自然而然也会好起来。

生活中，很多时候我们掏手机或是因为其他原因在口袋里掏东西，将手拿出来的时候，会顺势把口袋里面的钱也弄丢。丢东西和捡东西是时常发生的事，好心情，坏心情，还是让大家都拥有好心情，全在我们的一念之间。现在，你应该知道该怎么做了。

魔法小贴士

《中华人民共和国民法典》第一百二十二条规定，因他人没有法律根据，取得不当利益，受损失的人有权请求其返还不当利益。

本故事中，“你”捡到小女孩的钱袋子，是没有法律依据取得的不当利益。受损失的人，也就是“小女孩”，是可以要回自己钱袋子里的钱的。

6. 不可抗力的那些事儿

在合同中，合同双方本着自愿的原则承诺履行什么样的义务，承担什么样的责任。如果一方不履行承诺的义务，或者不承担责任，有可能面临赔偿的风险。但是，不可抗力的情况除外。

这一点，我国《民法典》的第一百八十条说得很清楚。这一条第一款规定，因不可抗力不能履行民事义务的，不承担民事责任。法律另有规定的，依照其规定。

什么是不可抗力呢？从字面意思上来分析，就是人力无可抗拒的意思。专业名词说得太多，我们不好理解。还是施个魔法来看看比较生动。

“魔法魔法变变变！”我们来到一个鲜花盛开的地方，还看见了小白和小黑。此刻，小白是一位建筑工地的包工头，专门负责承包别人的建筑工程，并组织工人施工。小黑是一位老板，需要修建一座城堡。两人经过商议，自愿签订了修建城堡的合同。合同中，双方协议一年完工，逾期不完工的话，小白要承担赔偿责任，但不可抗力的情况除外。

开始的时候，小白的工程进行得非常顺利。不久，小白的工地所处的位置遭遇连日特大暴雨，引起山洪暴发。洪水淹没、冲毁了已经修建到一半的工程……

一切都得重新开始。很显然，工程不能准时完成。为此，小白提出将工程期限延后的请求。小黑一心想住进新城堡，硬是要让小白在预定的期限内完成任务。这时，小白就可以以山洪暴发这个不可抗力为由为自己争取时间。

“魔法魔法变变变！”我们又来到一个地方。轰隆轰隆，山崩地裂；咔嚓咔嚓，高楼大厦瞬间倒塌。人们捂着脑袋往空旷的草地上跑。救命呀，地震来了……很显然，我们来到了正在发生地震的灾区。站稳，到空地上待着，当心高空坠物！

小白和小黑也跑到空地上来了。瞅瞅他们俩一脸不高兴的样子，就知道他们俩之间有事发生。

“小白导游，这次旅行被取消了。你们公司得赔我钱。”这次，小黑是一名游客，和小白的旅游公司签订了旅游合同。因为突然而来的地震，小白所在的公司不得不取消了一些景点的参观。小黑觉得这样的决定损害了他的利益，要求小白的公司进行赔偿。

“地震来得太突然，属于不可抗力的情形……我们可以退款，但不赔偿。”小白据理力争。这时候，他是有道理、能站住脚的。

“魔法魔法变变变！”我们来到了海边。狂风呼啸，海水肆虐，海浪一波又一波冲上岸，岸边的房屋、道路被冲毁。人们来不及撤离，有的被海浪卷走，有的被浪头打翻，到处一片混乱……

海啸来了，猝不及防地来了。小白和小黑没有遇难，可他们出海科考的计划落空了。而且，近期都很难出海。即便他们和船舶公司签了合同，出海安排也会因为不可抗力的原因被取消。

山洪、地震、海啸来得很突然，是我们不能预见、不能避免且不能克服的客观情况。这类自然灾害可以归入不可抗力的范畴。换句话说，我们判断一种现象是不是不可抗力的标准，其实就是看这件事是不是具备“不能预见、不能避免且不能克服”这三种客观条件。

魔法小贴士

不可抗力是指人力无可抗拒的一些事，通常具备不能预见、不能避免、不能克服这三种客观条件。《中华人民共和国民法典》第一百八十条规定，因不可抗力不能履行民事义务的，不承担民事责任。法律另有规定的，依照其规定。不可抗力是不能预见、不能避免且不能克服的客观情况。

本故事中，山洪、地震、海啸等情况就属于不可抗力的范畴，所以“小白”能以此为依据为自己维权。

7. 摔倒的老人

一个大雨滂沱的下午，中心广场十字路口车来车往，下班的人们急急忙忙往家赶。突然，路口传出“啊”的一声，一位老人摔倒在地。

“哎哟！”老人痛苦地呻吟着。此刻，他是多么希望有人能够扶他一把呀。

“唉，不是我不帮你，实在是不敢帮你。”一位阿姨走上前，打算将老人扶起，刚一伸手，又缩了回去。片刻之后，阿姨消失在人群中。

一位小伙子路过。他看了看躺在地上的老人，又看看四周，耸耸肩、摇摇头，叹着气一步三回头地离开了。

“求求你们救救我，我不讹人！”老人声嘶力竭地喊着。路人要么对老人视而不见，要么在老人身旁停留片刻，没有一个人上前扶起他。

看到这一幕，我们心里是不是很难受？是不是特别想跑上前，将老人扶起来？很好，我们都有一颗助人为乐、见义勇为的善良心，是一个“好人”。“好人”，有时候却没有好报。“坏人”不施救，之所以“坏”，是因为他们心里有一个过不去的坎儿。

“魔法魔法变变变！”让我们去另外一处，看看这个坎儿究竟是什么吧。

清晨，人们陆陆续续来到街心花园晨练。突然，一位老奶奶晕倒在地。一位大伯赶紧上前扶起老奶奶，并拨打120急救电话。不一会儿，救护车赶到，将老奶奶送进医院。经过一番紧急救治，老奶奶被抢救过来了。但是很遗憾，她成了植物人。老奶奶的家人要让扶起老奶奶的那位大伯赔偿老奶奶的一切治疗和后续护理费用。大伯委屈，有口难言。

好心救人，反被讹。这样的事情还有很多。渐渐地，人们看到路旁的老人需要救助，也不敢贸然上前施救了。“坏人”，也就出现了。仔细想来，他们的担心也不是没有道理。

为了鼓励助人为乐、见义勇为，消除施救者的后顾之忧，《民法典》出台了一条“好人法”——第一百八十四条，因自愿实施紧急救助行为造成受助人损害的，救助人不承担民事责任。

有了“好人法”撑腰，“好人”越来越多。

“魔法魔法变变变！”现在，我们去一家药店见一位“好人”。

猴年马月的某一天，耄（mào）耋（dié）老人张老太前往一家药店买药时突然晕倒。药店老板见情况紧急，立马为老人实施了心肺复苏，并拨打120急救电话。5分钟后，老人苏醒。后经医院检查发现，张老太在接受急救过程中双侧肋骨骨折、右肺挫伤。

张老太认为药店老板给自己做心肺复苏，造成自己肋骨骨折，应当承担赔偿责任。法院了解案情后，依据《民法典》第一百八十四条的相关规定作出判决，驳回原告张老太的该项诉讼请求。

药店老板的事，无疑是给了善良的救助人一颗“放心丸”，老人摔倒“扶不扶”、老人晕倒“救不救”，不再是困扰人们的两难选择，消除了我们对助人为乐、见义勇为却还可能要承担责任的担心和顾虑。

值得一提的是，虽然法律鼓励我们伸出援手，但并非要我们盲目救助。如果不懂心肺复苏的技巧，盲目施救，稍有不慎，不仅不能救人于危难之中，还可能造成更大的伤害。因此，救人，还得三思。

最后，还是让我们回到那个大雨滂沱的下午，将老人扶起来吧！

魔法小贴士

《中华人民共和国民法典》第一百八十四条规定，因自愿实施紧急救助行为造成受助人损害的，救助人不承担民事责任。

本故事中，药店老板给张老太做心肺复苏，是为了救张老太的生命而自愿实施的紧急救助行为，故造成受助人张老太损害，不承担民事责任。

8. 还款有期限

生活中，难免会遇到同学向我们借钱的情况。俗话说“有借有还再借不难”，但偏偏有的同学借钱之后，压根就不提还钱这事儿。碍于面子，我们还不能问。时间一久，终于憋不住想要问问，结果人家手一挥，说不记得了。

遇到这种事的同学，都后悔当初没能让借钱的同学打欠条。有凭有据，还怕他赖账？岂料，有人手里拿着欠条，也没能要回欠款。

“魔法魔法变变变！”让我们一起去几年前的时空看看有欠条却难要账的倒霉小白吧。

小白和小黑住在乡下，是一个村子里的人。2016 年 10 月的一天，小黑以自己要去城里做生意为由，可怜兮兮地央求小白借 5 万元钱给他。小白见小黑可怜兮兮的，便将自己所有的积蓄 5 万元借给了小黑。

“我保证一年后就还钱给你。”小黑拍着胸脯写下了欠条。欠条上，还写了还款期限为一年。

“我信你一回。”小白心想，既然小黑的话都说到了这份儿上，一定不会赖账。然而，一年过去了，小黑对还钱的事只字未提。

小白去城里看望小黑，发现他的生意并不景气。他心想，反正有借条在手，小黑不可能赖账，也就没提要账的事。

一晃，四年多过去了，到了 2021 年 1 月。小白也打算进城做生意，他想要回之前借给小黑的钱，于是来到小黑的住处。此时，小黑的生意已经做得很大了。

“小黑，我想……”小白拿出小黑打的欠条，想要收回欠款。不料，小黑看也不看欠条，就说：“你真小气，区区 5 万元也来说事儿。”

“小黑，你现在是大老板了。5万元对你而言就像毛毛雨，但对我而言，却是一笔大数目。”小白委屈地说。

“这事儿都过去这么多年了，谁还当回事呢？”小黑以借款过了诉讼时效为由，将小白赶走了。

“诉讼时效是什么东西？难道比我的 5 万元还值钱吗？”小白边走边想，越想越气。

“这里的诉讼时效，相当于小黑不还钱，你对他的诉讼期限。诉讼时效期间自权利人知道或者应当知道权利受到损害以及义务人之日起计算。”我实在看不下去了，走上前告诉小白，“我国《民法典》第一百八十八条规定，向人民法院请求保护民事权利的诉讼时效期间为三年。法律另有规定的，依照其规定。你早一点儿来，就好了。”

“你是万能的魔法狮，一定能想办法帮我解决问题。”小白央求道。

“时空倒转，请将小白带回三年前。”我大手一挥，将小白带回了三年前还款期限刚到的时候。小白拿着欠条，乐颠颠地找小黑要账。这次，小黑乖乖地将钱还给了小白。

有魔法真好，能帮助更多的人摆脱困境。“魔法魔法变变变！”我告诉小白，要吸取这次的教训，及时行使法律赋予自己的权利哦！

魔法小贴士

《中华人民共和国民法典》第一百八十八条第一款规定，向人民法院请求保护民事权利的诉讼时效期间为三年。法律另有规定的，依照其规定。

本故事中，小白向小黑要账的时间距离他们的约定还款时间已超过三年，如果没有魔法，小白就很难要回欠款了。法律不保护躺在权利上睡觉的人，所以，我们要记得及时行使法律赋予自己的权利。

9. 提前的还款

将钱存到银行，会产生一些利息，也算是一笔小小的收入。懂得理财的小伙伴得到压岁钱之后，往往会将钱存到银行。

有时候，一些人手头缺钱，就会向别人借。借钱的话，要给付利息，只不过，借钱的利息要比存钱的利息高。我说的是一般情况。当然也有好朋友之间借钱不要利息的。

今年，小白得了不少压岁钱。他寻思着将钱存进银行，赚点儿利息。他还没行动起来，小黑就来了。

“小白，最近我手头有点儿紧。你可不可以借点儿钱给我呢？”小黑很需要钱，他许诺，如果小白借钱给他的话，他会给出比在银行存钱还高的利息。

“那行，你借多久呢？”小白问小黑。

“一年吧！反正，我给出的利息比银行高。”小黑说。

小白掐指一算，觉得将钱借给小黑，比将钱存在银行更划算。于是他高高兴兴地将钱借给了小黑。

接下来的日子，小白整天都想着一年后小黑还钱的时候，自己会得到一笔比银行还高的利息。

不料，半年不到，小黑就提出了还钱的要求。

“还没满一年呢。”小白心里想着一年的利息，不希望小黑过早地还钱。

“我这会儿手头有钱，还是还了吧。”小黑硬是要还钱。

“尽早还钱不是不可以，只不过利息方面，我还得按照一年来计算。”小白直截了当地说。

“可是，我只借了半年。”小黑委屈极了。

“当初我们说好了借一年，你现在反悔。我没让你交给我一些违约金，就算好的啦。”小白一副得理不饶人的架势。

“小白，你怎么能这样？枉我们还是好朋友。”小黑想要说服小白，又找不到十足的理由。

看来，又到了正义的魔法狮出面的时候了。

“小白，你既没有收一年利息的理由，也没有收违约金的道理。你只能收半年的利息。”我也直截了当地告诉小白。

“魔法狮，你偏心！”小白很不服气。

“不是我偏心，是事实如此。最重要的是有章可循。我国《民法典》第六百七十七条规定，借款人提前返还借款的，除当事人另有约定外，应当按照实际借款的期间计算利息。所以，你只能按照实际借款的期间来收利息。”我大手一挥，变出一部《民法典》，指着上面的条款告诉小白。

“我想请你施个魔法，将这个条款变得像我想的那样。”小白异想天开地央求我。

“小白呀小白，你不要太贪心。俗话说得好，‘君子爱财，取之有道’。人家小黑要还钱，你就让他还吧。至于利息，少点儿又能怎么样！”我可不想给小白施这个魔法。

“好吧，好吧！”小白耸耸肩，按照我说的做了。后来，他又将钱借给了小蓝。

“要是小黑不还钱，我还不能把钱借给小蓝呢。原来，路不止一条呀。”小白明白了很多道理，再也没请我将那些条款变成他想要的那样了。

魔法小贴士

《中华人民共和国民法典》第六百七十七条规定，借款人提前返还借款的，除当事人另有约定外，应当按照实际借款的期间计算利息。

本故事中，虽然小白与小黑约定借款时间为一年，但小黑实际借款的时间为半年，故只能按照实际借款的期间，也就是半年来计算利息。

10.“天价”网贷

“魔法魔法变变变！”变汉堡、寿司，变蛋卷、可乐，变很多好吃的，而且越多越好。将这些好吃的全都送给你，这真是一个好主意。

“魔法魔法变变变！”变蚂蚁、蟑螂，变苍蝇、蚊子，变很多你害怕的小虫子，而且越多越好。将这些小家伙全都送给你，这个主意有没有太烂？

魔法狮当然不会出烂主意，出烂主意的是一个大坏蛋。他变的“魔”法还远不止这些可怕的小虫子。他的“魔”法让一些孩子掉进网贷陷阱，并越陷越深。他，是名副其实的邪魔。

小白想买一台笔记本电脑，又不敢向家里人要钱。邪魔知道这件事之后，在网上发布了一条贷款的消息。小白看到可以贷款，欣喜若狂，立马联系邪魔。当然了，邪魔这时候的名字是“甜蜜蜜的糖果”。小白向“甜蜜蜜的糖果”借了6000元，签了借期半年的借款合同，买了一台笔记本电脑。半年后，小白攒够了6000元，去还钱，邪魔人间蒸发般不

见了。一天后，邪魔找到小白，让他还款 2 万元，理由是小白违约，延迟了一天还款。

“可是我昨天联系不到你呀。”小白委屈极了。

“那是你的事。反正你违约了，这笔钱的利息就要提高了。利息是 14000 元。”邪魔毫不客气，狮子大开口。末了，他还给小白出了一个馊主意，“你可以再去向别人借 2 万元还给我……”

“谁来救救我？”小白越借越多，利息就像滚雪球一样越变越多。起初的 6000 元借款，变成了天价网贷，压得他喘不过气来。

此时此刻，轮到正义的魔法狮出场了。

“我来救你，但你一定要将这件事老老实实告诉你的父母。让他们知道这事儿，才能更好地帮到你。”看着小白如此可怜，正义的我动了恻隐之心。

“魔法狮，你是要给我变出很多钱吗？要是那样的话，就多变一点儿吧，越多越好。”小白眼睛一亮，看到了希望。

“我不会给你变钱，更不会让你陷入高利贷陷阱。我要给你变战胜邪魔的法宝。”我说。

“法宝？什么样的法宝比邪魔还厉害？”小白一脸疑惑地看着我。

“邪魔借钱给你的时候，你知道会有这么高的利息吗？”我问。

“没有，那时候，我根本就不知道会有这么高的利息。其实，邪魔所说的没有按时还款违约，也是他故意躲起来，不让我还款造成的。”小白委屈极了。

“我给你的第一个法宝就是我国《民法典》第六百八十条第一款，禁止高利放贷，借款的利率不得违反国家有关规定。邪魔所说的违约后提高那么多利息，根本就不符合国家规定，所以可以不算数。”我大手一挥，变出一部《民法典》。

“我不用还那么多利息啦。”小白一听，顿时高兴起来。

邪魔放过小白，继续诱惑其他小朋友上当。他要么在借款合同中不约定利息，给人没有利息的假象，要么在借款合同中对支付利息约定不明确，模棱两可，麻痹借款人，让其误以为利息很低，实则却收取高利息。

“《民法典》第六百八十条第二款还规定，借款合同对支付利息没有约定的，视为没有利息。”作为正义的魔法狮，必须好人做到底，将这些“法宝”告诉更多的小朋友。只有这样，才能将邪魔赶走，“本条第三款还规定，借款合同对支付利息约定不明确，当事人不能达成补充协议的，按照当地或者当事人的交易方式、交易习惯、市场利率等因素确定利息；自然人之间借款的，视为没有利息。”

邪魔一听，灰溜溜地逃走了。希望他再也不要回来。

魔法小贴士

《中华人民共和国民法典》第六百八十条第一款规定，禁止高利放贷，借款的利率不得违反国家有关规定。第二款还规定，借款合同对支付利息没有约定的，视为没有利息。

本故事中，邪魔故意在借款合同中不约定利息，给人没有利息的假象，或者在借款合同中对支付利息约定不明确，还款时却收取高额利息，这是不符合法律规定的。同时，这也属于“借款合同对支付利息没有约定”的情节，故应“视为没有利息”。

11. 小白的难题

“魔法魔法变变变！”变高楼，变大厦，变城堡。哈哈，房子多了起来，越来越多，越来越多，山上、沟壑、田野、道路两旁，到处都是房子。正方形、长方形、三角形、菱形，各种形状的房子应有尽有，红色、黄色、紫色、绿色、蓝色，五颜六色的房子竞相媲美。

“魔法魔法变变变！”为了不让房屋侵占森林，侵占动

物世界，我得赶紧将这些房子变没了。嗖，山上的房子变没了；嗖，沟壑里的房子变没了，嗖——

“魔法狮，千万别将它们变没了。”小白和另一个小白……哦，不，那是一群小白来到我面前。

“你们怎么啦？”我问。

“我们没有房子住，需要住进你的魔法高楼、魔法大厦，还有魔法城堡。”小白们异口同声地说。

“为什么会没房子住了呢？”我有点儿惊奇。

“我们原本租小黑的房子住，租期还没到，小黑就把房子卖给了小灰，现在小灰要把我们赶出来。”小白们无可奈何地说。

“既然租期还没到，小灰为什么不让你们继续住？”我追问道。

“因为他认为自己已经从小黑那里买了房子，那么从他买下房子的那一天开始，房子就属于他，属于他的房子，别人没有权利居住。”小白们甚至觉得小灰的做法还有点儿道理，“他买了房子，房子应该就是他的了。”

“房子是他的，这没错。但是你们同样可以按照之前和小黑签订的合同内容，继续居住。”我说。

“可是小灰认定自己就是房子的主人，死活不肯让出房子。”小白们说，“我们又去找小黑，小黑却说房子既然已经卖掉了，就与他无关了。”

“还有这种事？”我有点儿不相信小白们的话。可是，又见小白们不像是在说谎。

“千真万确！”小白们觉得事情难以挽回，一脸无奈。

“事情并不是没有转机。我国《民法典》第七百二十五条规定，租赁物在承租人按照租赁合同占有期限内发生所有权变动的，不影响租赁合同的效力。只要你们与小黑签订的租赁合同还没有到期，即使房屋的所有权发生变动，也不影响你们的租赁合同。这就是我们常说的‘买卖不破租赁’。”我大手一挥，变出一部《民法典》，指着上面的条款说。

“之前，我与小黑签订了三年的租房合同，距离到期的时间还有两年。如果按照这条规定，我是不是还可以继续在那座房子里居住两年？”一个小白问。

“之前，我与小黑签订了五年的租房合同，现在距离到期的时间还有四年。如果按照这条规定，我是不是还可以继续居住四年？”另一个小白问。

“是的，一点儿也没错。”我肯定地答道。

“看来，这条‘买卖不破租赁’的法律条款真正保护了承租人的权益，这简直太好了。现在，我们就拿这一条去会一会小灰吧……”小白们有了十足的信心，大家一起向小灰那里走去。我相信，他们一定会维权成功的。

魔法小贴士

《中华人民共和国民法典》第七百二十五条规定，租赁物在承租人按照租赁合同占有期限内发生所有权变动的，不影响租赁合同的效力。

本故事中，小黑在租赁合同占有期限内卖掉房屋，租赁物的所有权发生了变动，并不影响租赁合同的效力，所以小白们可以继续租住小黑的房屋，直到合同期满。

12. 穿越时空的忠告

变变魔法，去不同的时空走一走、看一看，既增长见识、开阔眼界，又让人有了旅游一般的愉悦心情。对于一只有魔法的狮子而言，穿越时空已不是什么稀奇事，带着你一起穿越时空，也是常有的事儿。

准备好，在心里默念三遍“穿越”二字，让我们再来一次魔法旅行。糟糕，忘记设置要去什么年代、什么地点了。不过，这没关系，我们就随便去一个年代，随便去一个地点吧。

哈哈，没想到我们的运气不错，赶上了一台坝坝宴。这应该是在人民过上了富裕生活的时代。具体是多久，我也不想深究——因为坝坝宴的吸引力实在太大了，哪还有时间想太多呢。不行，我要去吃点儿，你也一样，对不对?

不不，人家根本不认识我们，才不会让我们参加坝坝宴呢。无奈之下，我们只得站在一旁看着人家津津有味地大吃大喝，心里默默地念叨“给我们留点儿吧”！

真走运，那些吃坝坝宴的人并没有吃光餐桌上的食物，鸡鸭鱼肉，样样都有剩余。

“人家吃剩余的东西，我们去收拾一些带回去总可以吧！给人家说一声，请他们给我们一点儿……”你将心里想的都说给了我。好的，我也是这种想法，但是我的话还没有说出口，那些人就已经将剩菜剩饭收起来倒掉了。

“世界其他地区还有很多人饿着肚子，连剩菜剩饭都没得吃。你们将这些剩菜剩饭留下来，还可以吃几顿……要节约粮食呀。”为此，我们不得不忠告他们。

“现在生活变好了，谁还要剩菜剩饭呢？多没面子呀！”面对我们的忠告，那群人不以为然。

和他们说不通，还惹来一肚子气，真倒霉！“魔法魔法变变变！”让我们去另一时空看看。心情不好，魔法也没施好。这次，我们来到了距今千年的古代，并降落在一片大森林中。哦，不，这应该是半片大森林——一半森林已经被砍掉了。

“大家加把劲儿，将这片森林的树木砍倒……这些木材可以制作很多家具，有了它们，我们可算是发大财了。”工头儿不停地给大家鼓劲儿。

随着一棵棵树木的倒地，树上的小鸟变得无家可归，树下的小兔、豪猪、刺猬等小动物也仓皇出逃，森林乱作一团……

“爱护森林，就是爱护生态环境。你们别砍了！”我上前阻止，并忠告他们。然而，工头儿和工人们对我不屑一顾，继续伐木。

跟这群古人也说不通。“魔法魔法变变变！”我不得不施了魔法，将那片森林恢复过来，让小鸟有家，小兔、豪猪和刺猬回到大森林。一切，都归于原样。

“魔法魔法变变变！”这次，最好去现代社会看一看。坐直喽，出发——运气很好，我们来到了2021年的某一天，并降落在一家餐馆内。

“看看这些人怎么样？”联想到之前的坝坝宴，我们忍不住想要看看这群人用餐完毕，会是一番什么样的景象。为此，我们静静地站在一旁观看。

不一会儿，有人用餐完毕。只听他轻声细语地喊“服务员，拿个袋子，帮我将剩下的食物打包。”不一会儿，又有人用餐完毕。她也叫服务员帮她将剩下的食物打了包。

“人们的思想觉悟提高了不少呀！”我们不由地感慨。

“《民法典》第九条规定，民事主体从事民事活动，应当有利于节约资源、保护生态环境。有了这个规定，再有浪费行为可就有可能‘违法’了。我们可不想这样。”这时，又一位顾客用餐完毕，他一边叫服务员打包，一边感叹道。

“有了这样的规定，大森林里的树木，一定也没人乱砍伐了。”我们点了几个菜，安心地吃起来。嘿嘿，如果吃不完的话，我们也一定会打包带走的。

魔法小贴士

《中华人民共和国民法典》第九条规定，民事主体从事民事活动，应当有利于节约资源、保护生态环境。

此条款意味着浪费资源、破坏生态环境可能“违法”。节约资源、保护生态环境要从生活中的小事做起。譬如，一水多用，不使用非降解塑料餐盒，节约粮食，随手关灯节约用电，等等。

13. 收入可以归自己

心情好的时候，不妨放声歌唱。有天赋的孩子唱歌优美动听，就像百灵鸟的歌声一样美妙。如果运气再好一点儿，参加一两台歌咏比赛，获得名次，有了名气，再被一些公司“挖”去当歌唱小明星，也算是名利双收。

小二黑十二三岁，就是这样走运的孩子。他因为能歌善舞，被一家传媒公司看上，作为小歌星培养。这期间，小二黑跟着公司到处开演唱会，所到之处观众一度爆棚。公司给小二黑的税后酬劳竟然达到了六位数。

之前，我们知道了《民法典》第十九条关于“八周岁以上的未成年人为限制民事行为能力人，实施民事法律行为由其法定代理人代理或者经其法定代理人同意、追认”的规定。小二黑是未成年人，而且是限制民事行为能力人，他是不是不能接受这么多钱呢？

此刻，我们一定觉得这笔巨款得由小二黑的父母收着才可以。然而事实是，公司直接将钱打到了小二黑的账户里。这，又是为什么呢？

原因就在于，我国《民法典》第十九条还规定，八周岁以上的未成年人可以独立实施纯获利益的民事法律行为或者与其年龄、智力相适应的民事法律行为——演唱会的税后酬劳属于纯获利益的民事法律行为，小二黑当然可以独立实施啦。当然，关于小二黑配合演唱会筹备表演工作的部分，因为需要小二黑承担义务，就需要他的父母进行追认、同意了。

说到这里，你一定对“纯获利益的民事法律行为”和“与其年龄、智力相适应的民事法律行为”产生了极大的兴趣。

我们先来说说“纯获利益的民事法律行为”。顾名思义，这种纯获利益的民事法律行为是指在某合同中只享有权利或者利益，不承担任何义务的行为。例如接受奖励、赠与、报酬等，就属于“纯获利益”。对于这些纯获利益的合同，其他人不得以获利人是限制民事行为能力人为由，认为该合同不具有效力。

举例来说。不久前，小白的祖父过世了。祖父非常喜欢小白，去世前曾留下遗嘱将遗产全部赠与小白。尽管小白只有 8 周岁，属于限制民事行为能力人，但是他同样具备继承祖父遗产的权利。这时候，小白家的其他人就不能以小白是限制民事行为能力人为由，阻止其继承祖父的遗产。由于继承遗产是纯获利益，对小白完全有利，没有附加任何约束，所以对这件事小白不必经其法定代理人，也就是小白的父母追认。

再来说说“与其年龄、智力相适应的民事法律行为”。在这一点上，与年龄、智力相适应是关键点。譬如，小白8周岁，刚上二年级。假如他的橡皮擦、铅笔、笔记本等小额学习用品用完了，他是可以自行购买的。如果他需要购买玩具以及进行简单的消费，也是可以的。但是，如果小白花费数千元、数万元上网打赏主播的话，就不行了。因为这已经明显超出了他的年龄、智力范围。这种行为如果未经其父母同意、追认，其父母还可以要求主播和直播平台返还已经打赏的钱款。

魔法小贴士

纯获利益的民事法律行为，是指在某合同中只享有权利或者利益，不承担任何义务的行为。譬如接受奖励、赠与、报酬等，就属于“纯获利益”。

依据《中华人民共和国民法典》第十九条的相关规定，八周岁以上的未成年人可以独立实施纯获利益的民事法律行为或者与其年龄、智力相适应的民事法律行为。

本故事中，演唱会的税后酬劳属于纯获利益的民事法律行为，小二黑是有权利获得的。

14.“天”降横祸

“魔法魔法变变变！”变蛋卷、变曲奇饼，变遥控小汽车、变机器人，变花裙子、背带裤……好吃的、好玩的，还有漂亮的花花草草，全部变出来。你还想要什么，我也可以给你变出来。变呀变，变呀变，东西越来越多。哎哟，一不小心，变出的东西从“天”而降，砸到了从楼下经过的人。

从楼下经过，被高空坠物砸中，真的很倒霉。为了避免这样的事情发生，我们不在高楼上施魔法，也不从高楼上扔东西下楼。即便如此，还有人被砸到。这个倒霉的人就是小白。

那是一个看起来很平常的下午，小白放学回家，像往常一样走在街上。突然，只听“砰”的一声，一只花瓶从楼上掉下来，不偏不倚，正好掉在小白的头上。瞬间，一股股红的鲜血从小白的头上流了出来。

小白来不及呼救，直接倒在地上。过路的行人见状，赶紧将小白送往附近的医院就诊。经过一番紧急抢救，小白的命算是保住了。但是，他脑部严重受伤，成了植物人，后续治疗将花费一大笔医疗费。

“是谁家从楼上扔下了花瓶？”小白的父母心急如焚，试图寻找肇事者。糟糕的是，他们寻来寻去，也没找到嫌疑人，甚至一点儿线索也没发现。

面对高昂的医疗费用，小白的父母犯了愁。为了找到肇事者，他们选择了报警，请警察立案侦查，看看花瓶究竟是谁家所扔。

为了查找肇事者，警察叔叔对掉下花瓶的那一栋楼的所有住户进行了地毯式的排查，挨家挨户询问、调查，结果也没找到线索。

我国法律规定禁止从建筑物中抛掷物品。从建筑物中抛掷物品或者从建筑物上坠落的物品造成他人损害的，由侵权人依法承担侵权责任。所以，按照谁侵权谁赔偿的原则，只有找到那个肇事者，事情才好办。对此，警察叔叔也很无奈。

找不到侵权的肇事者，事情陷入了僵局，小白的父母一夜白了头。

“找不到肇事者，让他们整栋楼的人都来赔偿小白的损失。”有人给小白的父母出了一个主意。

“也不知道这样行不行得通？”小白的父母显得有些沮丧。

此时此刻，又到了魔法狮该出场的时候了。我大手一挥，变出一部《民法典》，指着上面的条款，对小白的父母说：“我国《民法典》第一千二百五十四条第一款规定，禁止从建筑物中抛掷物品……经调查难以确定具体侵权人的，除能够证明自己不是侵权人的外，由可能加害的建筑物使用人给予补偿。可能加害的建筑物使用人补偿后，有权向侵权人追偿。”

“这是什么意思呢？”小白的父母似懂非懂。

“意思就是说，在难以确定是谁将花瓶丢下来的情况下，除了能够证明自己没有丢花瓶的人家之外，那栋楼的其余住户应当平摊小白的医疗费。”我耐心地解释说。

“现在，我们需要做的，就是排除能证明自己无辜的人家，并要求其余住户赔偿。”小白的父母找到了解决问题的方向，底气十足地说。

“希望你们能顺利要到小白的赔偿款。”我由衷地说。

魔法小贴士

《中华人民共和国民法典》第一千二百五十四条第一款规定，禁止从建筑物中抛掷物品……经调查难以确定具体侵权人的，除能够证明自己不是侵权人的外，由可能加害的建筑物使用人给予补偿。可能加害的建筑物使用人补偿后，有权向侵权人追偿。

本故事中，在难以确定是谁将花瓶丢下来的情况下，除了能够证明自己没有丢花瓶的人家之外，那栋楼的其余住户，也就是“可能加害的建筑物使用人”应当平摊小白的医疗费。如果他们补偿后，找到了将花瓶丢下去的“侵权人”，那么他们可以向这个“侵权人”追偿。

民法典

第三篇
你的权利“典”做主

1. 权利多多

夏末初秋，天气渐渐凉下来。湛蓝的天空下，大草原显得格外清爽。我和兄弟姐妹们来到大草原，呼吸着清新的空气，自由自在地奔跑、嬉戏，阵阵欢声笑语洋溢开来……这是我们成为魔法狮之前的日常。那时候，我们的生活是那样美满和谐。

突然有一天，一场战争来临，大草原被妖怪占领。妖怪将我们囚禁在黑屋子里，我们失去了自由……困境中，一位魔法师救了我们。之后，我们开始学习魔法，赶走了妖怪，重获了新生。

有了魔法之后，我们有了战斗的勇气和能力。当妖怪再次入侵，我们郑重其事地告诉他们，我们的自由是不能侵犯的。妖怪还要作怪，我们就施展魔法，赶跑他们。

妖怪恼羞成怒，向大草原发起猛攻——他们要占领大草原，将我们赶尽杀绝。妖怪的猛攻，令我们更加团结。经过一番激战，我们降服了妖怪，让他们知道狮子的生命属于自己，任何妖怪都不能侵犯。

妖怪见明攻不行，心生一计，暗地里给大草原投放了病毒，妄图让我们染病。妖怪的奸计，很快被我们识破。我们团结一心，消灭了病毒，而后大声地告诉他们，狮子的健康由我们自己来做主。

妖怪见不得我们健健康康，眼珠一转，又想出一条诡计。他们乔装打扮，变成面目和善的医生。之后，他们来到大草原骗取我们的信任，让我们捐赠自己的身体器官救治可怜的患者。岂料，我们狮子都有一双火眼金睛，一眼就看破了他们的诡计。“我们的身体，自己来做主！”我们将妖怪赶出了大草原。

妖怪怀恨在心，偷偷拍摄了我们的照片，到处张贴不说，还在动物世界大肆造谣，说我们狮子是自私自利的大坏蛋，造成了很恶劣的影响。我们知道这件事之后很生气，将妖怪们抓起来，让他们赔礼道歉。哼，我们狮子的肖像和名誉不容你们玷污，快快恢复我们的名誉，赔礼道歉！

妖怪敌不过我们魔法狮子，不得不当着所有动物的面向我们赔礼道歉。经过这次，妖怪在动物世界的名声变得很坏。只要一提到“妖怪”二字，大家就对他们嗤之以鼻。久而久之，没有人愿意和他们相处。妖怪的处境，越来越艰难。

不过，这并没有让他们真心悔改。不久，他们又动起了坏心思，竟然给自己改了名字——他们全都用上了我们的名字，魔法狮子 1 号、魔法狮子 2 号、魔法狮子 3 号……妖怪们打着我们的“旗号”欺凌弱小，还领走我们的快递。这事儿，很快就被我们知道了。

“魔法狮子的姓名，只有魔法狮子才能用，谁也不能冒名顶替。今后，狮子的生命权、身体权、健康权、姓名权、肖像权、名誉权、荣誉权、隐私权、婚姻自主权等权利都由狮子自己来做主。不论你们使什么坏心眼，我们都会第一时间知道……”我们让妖怪彻底死了心。

“我们决定好好改正，做一群好妖怪。”妖怪们跪地求饶。

“看你们的表现，也许将来你们也会拥有这些权利。”我们直了直身子，一本正经地宣告。

“妖怪也有生命权、身体权、健康权、姓名权、肖像权、名誉权、荣誉权、隐私权，以及婚姻自主权等权利。那么，我们有吗？”此刻，你一定会好奇地问。

“其实，这些权利你也有——虽然你没有经历和妖怪的大战。嘿嘿，谁叫你这么幸福，生活在和平年代呢！和平年代有《民法典》为你做主，它的第一百一十条第一款规定，自然人享有生命权、身体权、健康权、姓名权、肖像权、名誉权、荣誉权、隐私权、婚姻自主权等权利。因为你是自然人，所以也有这些权利哟。”在此，我还要郑重其事地对你说。

魔法小贴士

《中华人民共和国民法典》第一百一十条第一款规定，自然人享有生命权、身体权、健康权、姓名权、肖像权、名誉权、荣誉权、隐私权、婚姻自主权等权利。

作为未成年人的我们，也是自然人，所以我们也拥有这些权利。

2.“霸王餐”不能吃

小白长大成人后，开了一家餐馆。因为宣传到位，服务态度又好，开张以来，餐馆的生意一直很不错。令他不高兴的是，餐馆隔一段时间就会遇到几个吃“霸王餐”的人。这些人要么说自己口袋里没钱，要么吃完后找个借口溜走，要么直接摆出一副“我是大哥我怕谁”的姿态，死皮赖脸，就是不肯付钱。

一次、两次，每次几百元，小白还能承受，可是次数多了，花费上千元的成本，小白就觉得难以承受了。他必须想个办法才行。

他想在餐馆最显眼的地方贴上“不准吃霸王餐”的醒目大字，可又觉得这对于其他没有打算吃“霸王餐”的顾客不太好。

他想截住想要吃“霸王餐”的顾客，让他们没得吃，可是顾客进餐馆的时候脸上也没写着“我没钱，要吃霸王餐”几个字，小白难以区分究竟谁想要吃“霸王餐”，所以这招也不行。

他想劝说吃“霸王餐”的顾客主动付钱，可每次他还没开口，人家就气势汹汹地找出各种借口数落小白，愣是让小白下不来台，只能眼巴巴地看着他们离开。

他还想请个机器人守在餐馆门口，堵住吃“霸王餐”的顾客。机器人请来了，顾客们围着机器人看热闹，弄得机器人害羞地甩手不干了。

万般无奈之下，他想到了报警。只要警察一来，吃“霸王餐”的顾客就会惧怕三分，乖乖付钱离开。可是，警察每天有很多案子要办，不能随时随地守在餐馆里。很多时候，小白刚一报警，吃“霸王餐”的顾客就起身开溜，拦也拦不住，让警察扑了个空。

小白对吃“霸王餐”的顾客越是没辙，吃“霸王餐”的顾客就越多。再这样下去，餐馆就要倒闭了。倒不如，请魔法狮出来施个“定身法”，将那些吃“霸王餐”的人定在餐馆里——小白这样想，我也这样想。可是，将他们定在那里又能怎么样呢？

比如，看看他们身上有没有值钱的物件儿，将那些物件儿“定”在小白的餐馆里，让他们拿钱来赎。如果真这么干，魔法狮会不会违法呢？

要知道，魔法狮可是通读过比山高、比海深的法律书籍，绝对不会知法犯法，干出违法乱纪的事儿来的。如此说来，将那些吃“霸王餐”顾客的物件“定”在小白的餐馆里是能够行得通的。

当然，能为小白和魔法狮做主的可不简单，它就是《民法典》，它的第一千一百七十七条第一款规定，合法权益受到侵害，情况紧迫且不能及时获得国家机关保护，不立即采取措施将使其合法权益受到难以弥补的损害的，受害人可以在保护自己合法权益的必要范围内采取扣留侵权人的财物等合理措施；但是，应当立即请求有关国家机关处理。这意味着小白有了一把“尚方宝剑”，有权利扣下那些吃“霸王餐”顾客的值钱物件儿，让他们拿钱来赎。

试想一下，小白有了这样的“特权”，谁还敢厚着脸皮来吃“霸王餐”？

魔法小贴士

《中华人民共和国民法典》第一千一百七十七条第一款规定，合法权益受到侵害，情况紧迫且不能及时获得国家机关保护，不立即采取措施将使其合法权益受到难以弥补的损害的，受害人可以在保护自己合法权益的必要范围内采取扣留侵权人的财物等合理措施；但是，应当立即请求有关国家机关处理。

本故事中，小白遭遇吃“霸王餐”就属于“合法权益受到侵害，情况紧迫且不能及时获得国家机关保护”的情形，所以可以“在保护自己合法权益的必要范围内采取扣留侵权人的财物等合理措施”，并立即请求有关国家机关处理。

3. 消失的花园

小白家打算买房。为此，爸爸妈妈到处看房，他们经过一番比较之后，选定了花园小区内的一套两室一厅。房子定下来之后，小白也去看了一次。

小白发现小区内的环境优美，绿化面积很大不说，还有一座小花园。花园内种植了各种花，红的、黄的、紫的，姹紫嫣红，非常漂亮。

小白一眼就喜欢上了那座小花园，寻思着将来可以和小伙伴在那里散步和游戏，还可以拍很多很多照片。想到这儿，小白的脸上就溢满笑容。

"能够居住在花园小区，真是太幸福了。或许将来，我还可以将自己喜欢的花花草草种在里面呢。"小白沉浸在快乐之中。在满怀期待中，他终于等到了搬家入住的那一天。

奇怪的是，那天小白并没有看到那座美丽的花园。

"短短几个月时间，花园就消失不见了。这里究竟发生了什么？"小白心里有太多的疑惑。他问爸爸，爸爸不知道，问妈妈，妈妈也不知道。想去问小区内的小伙伴，结果一个小伙伴也不认识。

因为忙于学习，小白只是觉得花园不在了很遗憾，但没有将这件事放在心上。

几天后，小白放学回家，发现小区物业管理处围聚了一大堆人。大家吵吵嚷嚷，七嘴八舌说个不停。

"奶奶，这里发生了什么事？"小白走上前，拉住一位和蔼可亲的老奶奶，好奇地问。

“小区内的花园，被他们拆走了。现在，他们想利用那片空地建一个喝茶的阁楼。”老奶奶对此很不满。

“花园是我们小区居民大家共有的。有小花园的话，小区内的环境很美，怎么可以改建为喝茶的阁楼？”另一位老伯也很生气。大家纷纷谴责物业管理处的人，让他们给个说法。

“又没有将阁楼修到你们家里面，你们着什么急呢？”物业管理处的阿姨不以为然地反问道。

“对，这些事与大家关系不大。阁楼建好之后，承包出去开茶馆……到时候，大家还会多一个打麻将、聊天的地儿。”另一位物管附和道。

“乌烟瘴气，谁稀罕呢？”大家并不乐意。小白也不乐意，想找物管理论，又不知从哪里说起。

“不管怎么说，小区花园是大家共同所有的，不能物业说怎么干，就怎么干，我们还是有权利参与的。”看着大家想维权，却找不到头绪，我摇身一变，变成一位律师，和物管理论起来。

“这个，这个，凭什么就说你们也能共有？”物管显得有些语无伦次。

“就凭房产证和购房合同上的条款。”一位业主不慌不忙地拿出证据。

“我国《民法典》第二百七十一条规定，业主对建筑物内的住宅、经营性用房等专有部分享有所有权，对专有部分以外的共有部分享有共有和共同管理的权利。花园的事情，还得业主们说了算。”我说。

“对，就应该这样。”大家异口同声地说。

“不久之后，消失的花园还能回来。”小白一听，高兴得一蹦三尺高。

魔法小贴士

《中华人民共和国民法典》第二百七十一条规定，业主对建筑物内的住宅、经营性用房等专有部分享有所有权，对专有部分以外的共有部分享有共有和共同管理的权利。

本故事中，小区内的花园属于业主们共有的部分，大家享有共有和共同管理的权利，物业管理处无权擅自将花园改造成喝茶的阁楼。业主们理当维权。

4. 丢失的魔法

出事了，出大事了。情况很不好，究竟有多糟糕？可能我一时半会儿也说不清，反正天大的事，也没有这次糟糕。实不相瞒，这次的事情发生在我，一只堂堂的魔法狮身上。

呜呜，我的魔法丢失了。记不清在什么时间，也记不清在什么地点，它就这样悄无声息地不见了。失去魔法，对于一只魔法狮而言，比失去任何值钱的东西都要严重。

没有魔法，我什么也不能变；没有魔法，我不能飞也不能跳；没有魔法，我甚至不能将自己藏起来。要是碰上妖怪……天哪！我简直不敢想象以后的日子该怎么过。

我绞尽脑汁使劲儿回忆，仿佛记得我是在施过一次魔法之后，失去了魔法的。但是我施过很多魔法，所以究竟是在哪一次之后，我的魔法不见了，我怎么想也想不起来。

为此，我打算将自己曾经去过的地方，挨个找遍。我去高山上寻找魔法，那里除了郁郁葱葱的参天大树之外，一点儿魔法的影子也没有。我去草地上寻找魔法，那里除了青翠欲滴的青草和奔跑的野鹿之外，一点儿魔法的影子也没有。

我去小溪边寻找魔法，那里除了潺潺流水和偶尔跃出水面的小鱼儿之外，也没有魔法的影子。后来，我又去了田野、森林、村庄寻找，结果也没找到魔法。

会不会是去游乐场玩的时候，玩得太忘乎所以，将魔法丢在了游乐场里？想到这儿，我又去了游乐场寻找。很遗憾，那里除了孩子们的欢声笑语之外，也没看到我的魔法。

会不会是去逛商场的时候，面对琳琅满目的商品看花了眼，丢掉了魔法？想到这儿，我又去商场寻找。很遗憾，那里除了人们熙熙攘攘的身影之外，也没看见我的魔法。

会不会是去美食城的时候，见到五花八门的美食，吃得太饱，将魔法撑出了身体？想到这儿，我又去了一趟美食城。那里除了大吃大喝的食客之外，也没发现我的魔法。

想呀想，找呀找，怎么也没找到我的魔法。没有人能够理解我的心情有多难受，没有人能够知道我有多伤心……那个捡到魔法的人，一定很高兴。值得提醒大家一声的是，那个魔法是我的——专属我的魔法，对他们一点儿用也没有。所以，不管是谁捡到魔法，一定要记得还给我。

会不会，我的魔法已经被别人捡到了？既然对他们没有用，那就快点儿还给我吧。可是，他不知道那是我的魔法，这可怎么办？看来，是时候写个寻物启事了。在寻物启事中，我苦口婆心倡导拾金不昧的精神，“依据《民法典》第三百一十四条，拾得遗失物，应当返还权利人。拾得人应当及时通知权利人领取，或者送交公安等有关部门。”

然而，寻物启事发出好多天，魔法还是一点儿消息也没有。

会不会人家捡到魔法，认为我寻物不够诚心，不想归还魔法？看来，我得写明“有偿寻物”，哦，不，干脆“重金寻物”，吸引力更大一些。在启事中，我特别说明了《民法典》第三百一十七条第二款，“权利人悬赏寻找遗失物的，领取

遗失物时应当按照承诺履行义务"的规定。

重金寻物启事贴出后，一连好多天也没消息。正当我绝望之时，小白将我带到一棵树下。我仔细一看，哎呀，我的魔法还好好地挂在树杈上呢——那天，是我打了一个喷嚏，将魔法喷出来挂在树杈上的。现在，我终于想起来了。

小白是找了很久，才找到我的魔法的。所以我要履行诺言，用重金，也就是一个魔法甜饼酬谢他。小白吃了魔法甜饼，有了一个星期的魔法，他高兴得不得了。

听到这儿，你是不是也想来一个魔法甜饼？那么，你就等着我的下一个喷嚏吧！

魔法小贴士

《中华人民共和国民法典》第三百一十七条第二款规定，权利人悬赏寻找遗失物的，领取遗失物时应当按照承诺履行义务。

本故事中，魔法狮重金悬赏寻找丢失的魔法，小白找到魔法，并告知魔法狮。所以魔法狮在领取遗失物，也就是魔法的时候要按照承诺履行义务，用重金，也就是一个魔法甜饼酬谢小白。

5. 突然停电了

打个喷嚏，就会将魔法喷走。这魔法还真得好好守着才行。经历上一次的教训之后，我多长了一个心眼，尽量不让自己打喷嚏。果然，我的魔法很久都没有丢失。

趁着魔法还在，我让久病不起的小白变得健康，让穷困潦倒的小白变得富裕，让好吃懒做的小白变得勤快，让脾气暴躁的小白变得和蔼。变呀变，我帮助了很多人，成为家喻户晓的“好人魔法狮”，还上了一年一度的“好人榜”。

领奖这天，上了“好人榜”的好人们来到一座灯火通明的宫殿，分享自己的好人心得。好人们最大的特点就是有爱心，所以大家说得最多的话题都与爱有关。我想说点儿和大家不一样的话题，譬如先给大家展示一下魔法，然后讲一讲责任、恒心之类的事儿。嘿嘿，我比较追求独树一帜的感觉……趁着大家发言的时候，我努力酝酿自己的发言稿。

“下面，请‘好人魔法狮’上台分享他的好人经验、好人感想。有请——”主持人用他极具磁性的声音请我上台。

“大家好，我是‘好人魔法狮’。作为魔法狮，首先得会魔法才能当好人……”我信心满满地走上台，准备开始我的长篇大论。可是，我刚一开口，大厅里的灯突然全部熄灭，四周陷入一片黑暗。

“怎么会停电？发生什么事了？”大家乱作一团。不知为什么，我鼻子一痒，打了一个大大的喷嚏。

“魔法魔法变变变！”我想将大厅的灯变亮，却发现魔法又不见了。

“谁看见了我的魔法？”黑暗中，我大声喊。没人回应我。

过了好一会儿，大厅的灯才亮起来。大家安静下来，重新坐好，等着我的发言。可是，我已经方寸大乱，不知道从何说起了。半晌，我才挤出一句，“我的魔法不见了，就在刚才。你们谁看见了？”

大家开始在大厅里寻找我的魔法，找遍了每一个角落，也没找到。或许是我的喷嚏打得太大，将魔法喷出了大厅。为此，我不得不走出大厅，去外面寻找……

很遗憾，我找了很久也没找到魔法。

“要是当时不突然停电，我的鼻子也不会痒，鼻子不痒就不会打喷嚏。停电也不提前告诉一声，让人有一个心理准备。”我越想，越觉得这事儿应该由供电公司负责才对。

为此，我找到供电公司，询问原因。

“当时，我们需要临时检修电路设施。由于时间不久，就没有通知大家。”供电公司的人知道我的魔法因为停电而不见了，觉得很抱歉。

“依据《民法典》第六百五十二条，供电人因供电设施计划检修、临时检修、依法限电或者用电人违法用电等原因，需要中断供电时，应当按照国家有关规定事先通知用电人；未事先通知用电人中断供电，造成用电人损失的，应当承担赔偿责任。所以，你们得赔我魔法。”我不依不饶地说。当然，他们根本不能赔我的魔法。不过，能让他们帮忙找找魔法，也不错。

“我们帮你找回魔法吧。”供电公司的人全体出动，经过几天的寻找，终于帮我找到了魔法。

生活中，你也许会遇到突然被停电的情况。如果因此遭受了损失，你应该知道怎么办了吧！

魔法小贴士

《中华人民共和国民法典》第六百五十二条规定，供电人因供电设施计划检修、临时检修、依法限电或者用电人违法用电等原因，需要中断供电时，应当按照国家有关规定事先通知用电人；未事先通知用电人中断供电，造成用电人损失的，应当承担赔偿责任。

本故事中，供电人临时检修电路设施，没有通知魔法狮会中断供电，导致魔法狮的魔法丢失，应当承担赔偿责任。生活中，当我们遭遇没有告知就突然停电，导致自己遭受某方面损失的情况时，有权向供电人索赔。

6. 胎儿也要分遗产

小时候，我和兄弟姐妹们在大草原上奔跑、嬉戏，草原上时时刻刻充满欢声笑语。童年的时光是那样无忧无虑，那样天真无邪，无比美好而又值得留恋。

小时候，你躺在妈妈怀里，听妈妈讲故事，和小伙伴做游戏、唱歌、跳舞，无拘无束。每一段时光都是那样有趣和

值得怀念。

每个人都有童年，但不一定所有人的童年都像我们这样美好。世事无常，难免遭遇一些不幸。小白，一个刚上小学的孩子，正是天真烂漫的年纪，本该笑容灿烂，可他却有着不该有的忧郁。

小白的爸爸出车祸去世了，小白从小就和妈妈相依为命。妈妈失业了，靠摆流动小吃摊维持生计。运气不好的是，妈妈被查出胰腺癌，花去很多医疗费不说，小吃摊的生意也无法维持，母子俩生活万分拮据。

雪上加霜的是，不久之后小白感到不舒服，去医院一检查，被确诊为白血病，必须住院治疗。

“住院治疗，需要一大笔医疗费用。这可怎么办？”小白的妈妈为了让小白住进医院，打算去向小白的爷爷奶奶借钱。遗憾的是，爷爷奶奶并不想借钱给小白看病。

“小白可是你们的亲孙子，你们总不会见死不救吧！”妈妈带着哭腔，苦苦哀求小白的爷爷奶奶。

“我儿子去世半年，你才生下小白，谁知道是不是我们亲孙子呢。”小白的爷爷奶奶见小白母子体弱多病，认定将来养老指望不上他们，狠下心来对小白妈妈冷嘲热讽。

“当初我怀孕的时候，你们是知道的，你们怎么血口喷人呢？要是小白的爸爸在就好了。”小白妈妈哭出声来。

“是又怎样？一句话，我们没钱。”小白的爷爷奶奶直接将小白的妈妈轰了出来。

“小白爸爸出事的时候，肇事司机赔了钱。你们能不能行行好，借一点儿给我……”小白妈妈回想起小白爸爸出车祸后，肇事方赔付了一大笔钱。这一大笔钱一直由小白的爷爷奶奶存着。这是小白爸爸的死亡赔偿金，小白妈妈以前从来没想过要动用。为了救小白，她豁出去了。

“这钱，是我们的。你想都不要想。”爷爷奶奶抛下一句话后，将门关得死死的。

无奈之下，小白妈妈只得回家。母子俩抱在一起，痛哭流涕。

“别哭啦，振作起来，拿回你们应该拥有的。”看着可怜的小白母子，我再也抑制不住自己愤愤不平的心情，走上前，义愤填膺地说道。

“拿回我们应该拥有的？那是什么呢？”小白和妈妈没多少文化，不懂法。

难道，魔法狮要用魔法帮助他们吗？不，我要让他们自己站起来。

“依据《民法典》第一千一百二十七条第一款的规定，遗产继承开始后，由第一顺序继承人，也就是配偶、子女、父母继承……小白爸爸出车祸后，肇事方赔付的钱，也有你们一份。”我说。

“当时，小白还没有出生。他也有吗？”小白妈妈问。

“《民法典》第十六条规定，涉及遗产继承、接受赠与等胎儿利益保护的，胎儿视为具有民事权利能力……同时，第一千一百五十五条规定，遗产分割时，应当保留胎儿的继承份额……所以即便小白当时还没有出生，也应该有继承的权利。”

“看来，我们有救了。”小白和妈妈听我这么一说，感到一丝欣慰。他们决定维权到底。当然，我也要好人做到底，帮他们打赢这场官司。

魔法小贴士

依据《中华人民共和国民法典》第一千一百二十七条第一款的规定，继承开始后，由第一顺序继承人，也就是配偶、子女、父母继承。第十六条规定，涉及遗产继承、接受赠与等胎儿利益保护的，胎儿视为具有民事权利能力。第一千一百五十五条规定，遗产分割时，应当保留胎儿的继承份额。

本故事中，小白的爸爸去世后，遗产继承即开始。当时小白虽然是胎儿，但同样具有继承权，而且是第一顺序继承人。所以肇事方赔付的钱，小白也应当有一份。

7. 名字的烦恼

很早以前，你就知道自己是自然人，还知道自己享有生命权、身体权、健康权、姓名权、肖像权、名誉权、荣誉权、隐私权、婚姻自主权等很多权利。既然如此，自己的姓名能不能自己做主呢？

能，当然能。因为《民法典》第一千零一十二条已经说得明明白白——自然人享有姓名权，有权依法决定、使用、变更或者许可他人使用自己的姓名，但是不得违背公序良俗。

嫌自己现在的名字太老土，希望有个特别一点儿的名字。这，当然可以。好好思考一下自己想要改什么样的名字吧。喜欢打游戏的小伙伴，一下子想到了自己钟爱的一款游戏，也就是“王者荣耀”，能不能给自己取名“王者荣耀”呢？和游戏一模一样的名字，能被批准吗？哈哈，如果这位小伙伴的爸爸或者妈妈姓王，那他就可以取这个名字了。上户口的时候，警察叔叔问明情况，一定毫不犹豫地批准。

既然可以用游戏名称作为自己的名字，那么喜欢玩其他游戏的小伙伴，是不是也可以给自己取一个钟爱的游戏名字？有个小伙伴喜欢玩“愤怒的小鸟”这个游戏，于是给自己取了“愤怒的小鸟”的名字。当他兴致勃勃去派出所上户口时，警察叔叔果断拒绝了他的请求。

“凭什么别人可以用‘王者荣耀’当名字，我就不可以用‘愤怒的小鸟’当名字？”这个小伙伴心里很不是滋味。不过，他并不气馁，继续不动声色地给自己想下一个名字。

不久，班里来了一位新同学。新同学有一个美丽的名字，也就是黄金百合。这让他想起百合花。为此，他灵机一动，想到或者可以用花来当姓名。这位小伙伴选了自己最喜欢的菊花为姓名，给自己取名“菊花最美丽”。同样很遗憾，当他用这个新名字去上户口时，照样被警察叔叔驳回请求。

这也不行、那也不行，究竟要怎样才行呢？小伙伴左思右想，猜测可能自己取的名字不够诗意。为了取一个诗意的名字，他特意买了几本诗集，打算从中选一句诗作为自己的姓名。他看呀看，选呀选，终于选了一句自认为比较好的诗句——“一寸光阴一寸金”，作为自己的名字。

“小朋友，这也不行！”警察叔叔一如既往地驳回了小伙伴的请求。

“就想改个名字，我太难了。”小伙伴委屈极了。

说到这儿，我也不免同情起这位小伙伴来。为了打开他的思维，我不妨给他一些启示："你拥有姓名权，并不意味着可以乱给自己取名字。依据《民法典》第一千零一十五条第一款的规定，自然人应当随父姓或者母姓。想在父姓和母姓之外选取姓氏，必须是这三种情形。第一种，选取其他直系长辈血亲的姓氏。第二种，因由法定扶养人以外的人扶养而选取扶养人姓氏。第三种，有不违背公序良俗的其他正当理由。"

"那我得好好想想，再来取名字啦。"小伙伴听完，又多了一丝信心。

魔法小贴士

《中华人民共和国民法典》第一千零一十五条第一款规定，自然人应当随父姓或者母姓。想在父姓和母姓之外选取姓氏，必须是这三种情形。第一种，选取其他直系长辈血亲的姓氏。第二种，因由法定扶养人以外的人扶养而选取扶养人姓氏。第三种，有不违背公序良俗的其他正当理由。

姓名权是公民依法享有的决定、使用、改变自己姓名的权利。我们是公民，当然享有姓名权，但这并不代表可以随心所欲地更改自己的名字。如需更名，还应遵守法律的规定。

8. 没着落的抚养费

帮助别人是一种美德，温暖别人的同时，自己也感到快乐。作为一只资深的魔法狮，是有能力最大限度地帮助别人的。很长一段时间以来，我都以帮助更多的人为己任。

这让我成了一个大忙人。要么，我在帮助别人；要么，我在前去帮助别人的路上；要么，我正在寻找需要帮助的人。

在我帮助的人当中，令我印象比较深刻的是一个叫小花的孩子。我第一次见到她的时候，是在一堆垃圾旁边。当时，她正在垃圾堆中翻找着什么。

“小朋友，你丢失了什么东西吗？”我好奇地问。

“没……没有呢。”小花尴尬地说完，继续寻找着什么。很快，她在垃圾堆中找到一个塑料瓶。只见她老练地将塑料瓶放进一个编织袋中，然后继续翻找着垃圾堆。

“原来，你是在捡垃圾。”看着眼前这个衣衫褴褛的小孩，我的心一紧。脑海里浮现出很多种可能性……不过，有一点可以肯定，那就是她的生活一定遇上了大麻烦。

“我一定要帮帮她。”心中，有个声音在呼唤。小花不等我回过神，就拖着编织袋向下一个垃圾站进发了。

“魔法魔法变变变！”我大手一挥，变出许多塑料瓶。

“今天的运气真不错。”小花将塑料瓶一个一个地装进编织袋，向废品收购站走去。那天，她赚了 10 元钱。小花拿着钱，一蹦一跳往前走。

这个孩子的身上，究竟藏着怎样的秘密？她为什么过得这么苦？为了弄清真相，我远远地跟在她身后。

不一会儿，我们来到街口。那里，一位穿着破旧的妇女正像小花那样翻找垃圾堆，寻找塑料瓶。

“妈妈，今天我赚了 10 元钱。”小女孩将钱递给那位妇女。

原来，这对母女都是捡垃圾的。她们的生活也太苦了。我大手一挥，又变出很多塑料瓶，让她们收集。

“今天的运气真不错。要是每天都能捡到这么多塑料瓶，你的学费就不用愁了。可是，哪能每天都有这样的好运气呢？”小花妈妈的眼神看起来很迷惘。

“除非我每天帮她们施魔法。可是，我能有那么多时间吗？弄清她们落魄的原因，才能从根本上帮到她们。”我的心情再也不能平静，走上前了解她们的情况。

“两年前，爸爸妈妈离婚。因为妈妈没有工作，法院将我判给了爸爸……”小花一边说一边抹眼泪，“后来，爸爸有了新家，开始虐待我，法院撤销了爸爸监护人的资格，我就和妈妈一起生活了。”

“从此之后，爸爸是不是就没管过你们？”我问。小花点点头，难过极了。

“《民法典》第三十七条规定，依法负担被监护人抚养费、赡养费、扶养费的父母、子女、配偶等，被人民法院撤销监护人资格后，应当继续履行负担的义务。小花的爸爸虽然被撤销了监护人的资格，但仍然有抚养小花的义务。”我变出一本《民法典》，递到小花母女手中。

“以前，他忽悠我们母女。现在，有《民法典》替我们做主。看他还敢抵赖？”小花和妈妈说话有了一点儿底气。她们决定维权到底。

魔法小贴士

《中华人民共和国民法典》第三十七条规定，依法负担被监护人抚养费、赡养费、扶养费的父母、子女、配偶等，被人民法院撤销监护人资格后，应当继续履行负担的义务。

本故事中，小花的爸爸虽然被撤销了监护人的资格，但仍然有抚养小花的义务。所以他仍然必须依法承担小花的抚养费等费用。

9. 背后的眼睛

旅游的时光是快乐的，也是自由的。我喜欢旅游，不仅因为喜欢享受快乐的旅游时光，还因为喜欢旅游那份自由自在的乐趣。前不久，我又开始了旅游。这一次，我的遭遇与以往大不一样。

旅游刚开始的时候，我并没有觉出异样，是一个莫名其妙的电话让我发现不对劲儿的。当时，我正在可可西里游玩。突然，我的电话响了起来。一般情况下，我在旅游的时候是不喜欢被打扰的。为此，我并没有接听电话。不料，电话一声紧似一声地响了起来。

“是谁这么十万火急地找我？”我拿出手机一看，发现是一个陌生号码。对于陌生号码，我一般都不会接听。但三番五次打来的陌生号码，我不得不引起重视——或许是哪位老熟人丢了手机，换了新号码；或许是某个急需帮助的人向我发出紧急求救……当然，也不排除某位执着的粉丝想见见我。如果因为一时大意失去一位铁杆粉丝，对于一只从来都不会让粉丝失望的魔法狮而言，这是我最不愿意看到的。

容不得有太多的思考，我按下了接听键。电话那头响起了瓮声瓮气的声音，“魔法狮，旅游怎么样呢？心情不错吧……”

“你是谁？”那个声音有一搭没一搭地和我闲聊，就像一位老熟人似的。可是，我绞尽脑汁地想来想去，也没想到曾经有过这样一位“老熟人”。

“我是谁不重要，但我知道你是谁，还有你现在所处的地点。”那个声音说这话的时候，显得有些邪恶。

“没事的话，我就挂了。”我还要旅游，没那么多闲工夫和他聊。刚一挂断电话，他又打了过来。看来，他是存心和我作对。

“你不要打电话过来了，我不想接到你的电话。”我的心情变得焦躁起来。

“哈哈哈，我会一直跟着你，一直和你聊，直到你旅游结束。”那个声音显得很执拗。

我没想到对方这么无聊，索性关掉手机，好好地玩了一天。晚上，我住进一家宾馆。

休息前，我打开笔记本电脑上网。刚登录邮箱，我就收到一封陌生号码的邮件。邮件内容详细地记录了我这一天的所有行踪。

“我被跟踪、监视了。”我警觉地推开窗，想要看看屋外的情况。这时，邮箱又嘟嘟嘟地响了起来。紧接着，我又收到了第二封邮件，邮件内容是一张张照片。我仔细一看，竟然是我居住宾馆房间内部的照片，末了，他还让我打开手机和他闲聊。

“这一切，全都是电话那头的人在作怪。”我打开手机，开始用魔法追踪对方的踪迹。很快，我弄明白了对方的身份。原来，他是一只妖怪。他学会了一些本领之后，来挑衅我。

“魔法魔法变变变！”我将他的思想变好，让他用自己所学到的本领去帮助别人。

“谢谢你，魔法狮！从今天开始，我要做一个好人。”妖怪点头哈腰地离开了。

生活中，我们难免会遇到这样的情况，但不是每一个人都有魔法，我也不一定能帮到每一个人。所以，我们必须找到护身的“法宝”，让《民法典》为我们做主。

依据我国《民法典》第一千零三十三条的规定，除法律另有规定或者权利人明确同意外，任何组织或者个人不得以电话、短信、即时通讯工具、电子邮件、传单等方式侵扰他人的私人生活安宁；不得进入、拍摄、窥视他人的住宅、宾馆房间等私密空间；不得拍摄、窥视、窃听、公开他人的私密活动……所以，假如别人像我遇到的妖怪那样通过电话、电子邮件等侵扰我们的私人生活安宁；假如别人进入、拍摄、窥视我们的住宅、宾馆房间等私密空间；又假如我们的私密活动被拍摄、窥视、窃听、公开……这些，都可以找《民法典》为我们做主。

魔法小贴士

《中华人民共和国民法典》第一千零三十三条规定，除法律另有规定或者权利人明确同意外，任何组织或者个人不得以电话、短信、即时通讯工具、电子邮件、传单等方式侵扰他人的私人生活安宁；不得进入、拍摄、窥视他人的住宅、宾馆房间等私密空间；不得拍摄、窥视、窃听、公开他人的私密活动。

在生活中，如果我们遇到有人用电话、电子邮件等侵扰我们的私人生活安宁，或者别人进入、拍摄、窥视我们的住宅、宾馆房间等私密空间的情况，一定要记得拿起法律武器维权，不要纵容坏人的恶行。

10. 讨个说法

我国《刑法》第十七条对未成年人的刑事责任年龄作出了“已满十六周岁的人犯罪，应当负刑事责任”和“对……追究刑事责任的不满十八周岁的人，应当从轻或者减轻处罚”的规定。这对未成年人而言无疑是宽容和仁慈的。当一个小孩，真的很好！对于魔法狮来说，想当一个小孩简直易如反掌。只要我摇身一变，就变得和你年龄相仿，成为一个小孩子了。

当然，我当小孩不是为了犯罪之后被宽容以待，我只是想像一个普通的孩子那样享受童年的美好时光。成为一个小孩子，就得上学，和小伙伴们一起玩耍。为了不暴露自己的真实身份，我一定不能施魔法。久而久之，一些小伙伴见我老老实实的样子，总想欺负我。有时候，他们甚至几个人联合起来挡住我的去路，让我无所适从。

“你们不许欺负人！”我想说服他们不要欺人太甚。可他们并不买我的账，一个个凶神恶煞的样子。

“别以为你们人多就欺负我人少。要是你们打伤我的话，必须赔钱才行。再这样，我就报警了。”这天放学后，那几个小伙伴见我一个人回家，拦住了我。我看到不远处有一位警察叔叔，灵机一动，指着警察叔叔，做出想要报警的样子，才将他们吓退。

当小孩子固然好，但不是每天都能看得到警察叔叔，也不是每天都这么幸运能逃过一劫。所以，我变回了魔法狮。在这一点上，我不仅是为自己考虑，还是为别的孩子着想。譬如，像小白这样的孩子。

小白上五年级，是个瘦弱的孩子。他性格内向，平时也不太爱说话，在班里没有好朋友。很多时候他都是独自上学，独来独往的他，时常被别的同学欺负。有时候，那些同学要他代写作业，有时候那些同学让他将零花钱“贡献”出来给大家买零食……这些，小白都可以忍。但正因为他的忍，让那些同学变得有恃无恐，变本加厉地欺负他。到后来，他们甚至对小白动起手来。无缘无故，只要是他们心情不好，就会拿小白出气。很多时候，小白被打都不敢吭声。

知道小白的遭遇后，我唯一能做的就是保护他，让他少受伤害。为此，我用魔法让小白躲过一劫又一劫。小白暂时安全了。但我发现，像他这样处境的孩子还有很多，于是我又去帮助那些孩子。

不管我怎样百般呵护小白，他最终还是被一个名叫小黑的同学打伤了腿。小白住进了医院，花费了很多医疗费不说，还耽误了学习，人也又瘦了一圈。

“必须让小黑赔钱才行。”小白的家里人不肯放过小黑，但是小黑是未成年人。他们不知道怎么办才好。

“依据《民法典》第一千零六十八条的规定，父母有教育、保护未成年子女的权利和义务。未成年子女造成他人损害的，父母应当依法承担民事责任。即便小黑是未成年人，他所犯下的错，也得有人买单。事已至此，小黑的父母必须给个说法。”我决定帮小白讨回公道。

魔法小贴士

《中华人民共和国民法典》第一千零六十八条规定，父母有教育、保护未成年子女的权利和义务。未成年子女造成他人损害的，父母应当依法承担民事责任。

本故事中，小白被小黑打伤腿，住进医院，花费了很多医疗费。这笔账应该由小黑买单，但小黑尚未成年，经济不独立，故其父母应当依法承担民事责任，赔偿小白的损失。

11. 被宠物狗咬伤之后

有事没事出去走一走，兴许还会遇到一些需要帮助的人。将助人当成自己的快乐之后，我时时刻刻都希望能帮到别人。

这天，我大摇大摆地出门了。一路走，一路看，也没看到有谁需要帮助。正当我有些失望之时，一阵喧闹声传入我的耳朵。循着声音，我来到一个小区。小区内，一胖一瘦两位妇女正在吵架。她们你一句、我一句，吵得很厉害。此情此景，我该帮谁呢——其实，我根本就插不上嘴。

无奈之下，我只得向围观的居民打探情况，看看究竟发生了什么事。从大家的叙述中，我大致弄清了事情的原委。原来，一个月前胖嫂家的宠物狗咬伤了瘦嫂家的孩子，因为赔偿问题没有妥善解决，才导致了一场骂战。

"不管怎么说，是你家的狗咬伤了我家二毛。所以，你得赔偿二毛所有的医疗费用，以及狂犬疫苗的钱。"瘦嫂一口咬定，要胖嫂赔钱。

"我在小区遛狗，又没到你家里去遛狗。咬伤你家孩子的是狗，又不是我。凭什么要我赔钱？"胖嫂摆出一副"没理争三分”的架势。

“反正，狗是你家的，你就得赔钱。如果你不赔，我就咬你一口试试。”瘦嫂说着就要动口咬胖嫂。

“咬呀，朝这儿咬。敢情，你也要变狗不成。”胖嫂挽起衣袖，不依不饶地冲上前。

我见势不妙，赶紧上前拉开了胖嫂和瘦嫂。

“冷静冷静，有什么事慢慢说。”围观的人也开始劝架。

胖嫂和瘦嫂冷静下来。这时，一个十来岁的孩子跑过来，站到瘦嫂的身边。

“妈妈，我的伤已经好了。你们就别吵了。”小孩就是二毛。

“万事都要讲道理。二毛，你来说说你们之间的事吧。”我转头问二毛。

“一个月前的一天，我和小伙伴在小区玩。当时，胖阿姨在小区遛狗。开始的时候，她的狗是拴着绳子的，所以我和小伙伴们并不担心会被咬。后来不知道为什么，她的狗突然就没了绳子，冲我跑过来咬了我。”二毛将事发当天的事一五一十地说了出来。

“是你故意解开绳子的吗？”我问胖嫂。

“我没有这样做。是狗自己突然挣脱绳子跑开的。”胖嫂

觉得自己很冤枉。

“时光回看——”我转过身，将当时的情景回看了一遍。事情正如胖嫂所说，是狗突然挣脱绳子，逃离胖嫂的控制范围的。

“我国《民法典》第一千二百四十五条规定，饲养的动物造成他人损害的，动物饲养人或者管理人应当承担侵权责任。”我给他们分析了事情的利害关系。

胖嫂听完我的分析后，表示愿意承担二毛的医药费和狂犬疫苗的费用。

魔法小贴士

《中华人民共和国民法典》第一千二百四十五条规定，饲养的动物造成他人损害的，动物饲养人或者管理人应当承担侵权责任。

本故事中，二毛被狗咬，胖嫂作为狗的饲养人，应当承担二毛的相关医疗费用。

12. 过期不作废

秋高气爽，天气不错，出门走走看看是个不错的选择。这天下午，我哼着歌翻过一座又一座山，走过一个又一个村，心情好得不得了。

不知不觉间，我来到一个小区门口，遇上了一位小朋友小白。小白急匆匆往前走，好似遇到了什么紧急的事情。

“小白，你这么急匆匆的，一定遇到事儿了。需要我帮忙吗？”我和颜悦色地问小白。

“妈妈一大早外出办事，说好中午回家，到现在都还没回来，我要去找她。”早上妈妈离开之后，小白一直在家里等着妈妈，他见妈妈很久不回来，担心会出事。

“大人出门办事，耽搁一会儿，晚点儿回家，也没什么大惊小怪的。”我安慰小白说。

“可是……”小白心里装着事。

“有什么事儿就说出来，我帮你分析分析。”我说。

小白看了看我，将事情的来龙去脉原原本本说了出来——

一个月前，小白妈妈听邻居王阿姨说起房屋土地使用年限这件事。之后，她拿出自家的房屋产权证一看，发现快要过期了。

“过期，是不是就要作废？”小白妈妈没多少文化，不知道该怎么办，心里很着急。

“过期的话，需要续期，要不然真的就作废了。到时候，你们没有房子住，就太可怜啦。”邻居王阿姨也是听别人说起这事儿，对房屋土地使用年限这样的事情知之甚少，她猜测道。

小白的妈妈吓得不轻，到处找人想办法。今天，她一大早外出就是为了这事。

“我担心妈妈急坏了身子，晕倒在路上。”小白妈妈的身体不好，所以小白挺担心她的。

“房屋土地使用年限‘过期’了也不会作废。我们还是先找到你妈妈再说吧。”我大手一挥，说声“魔法魔法变变变！”我和小白立马来到了一家房屋中介公司，看到了小白的妈妈。

“事情包在我们身上，但你得将房屋土地使用的续期费、手续费、服务费等十几项费用，共计 10 万元交给我们。”中介公司的一位工作人员打包票说。

“可是，我根本就没那么多钱呀。”小白妈妈面露难色。

“没钱，还想续期？”工作人员夸张地睁大眼。

“好吧，我看能不能想到其他办法。”小白妈妈已经询问了几家中介公司，这家的要价还算比较低。她嘴里虽然这样说，其实却不知道办法在哪里。

“小白妈妈，不要着急。土地使用年限到期了，根本不用续期。”我走上前，拉着小白妈妈，告诉她一个好消息。

“不用续期？是不是会被国家收回？”小白妈妈一脸疑惑。

“不用续期的意思是，它会自动续期。因为我国《民法典》第三百五十九条第一款规定，住宅建设用地使用权期限届满的，自动续期……”我笑着说。

“自动续期，又不是免费续期。还得交钱不是？”中介公司的工作人员接过话茬儿。

“续期费用的缴纳或者减免，依照法律、行政法规的规定办理。哪有像你们这样漫天要价的！”我义愤填膺地说。

“这样的话，我就放心了。”小白妈妈看到了希望。

“住宅建设用地使用权限过期不作废！妈妈，我们不用请人续期啦！”小白一听，也很高兴。

魔法小贴士

《中华人民共和国民法典》第三百五十九条第一款规定，住宅建设用地使用权期限届满的，自动续期。续期费用的缴纳或者减免，依照法律、行政法规的规定办理。

本故事中，小白家的房屋土地使用年限届满之后，会自动续期，没有必要去找中介续期。

13. 电梯内的广告

小白家居住的居民楼装电梯了，四四方方的一个小格子，要去哪一层楼，只需要按下数字键，站在电梯内不费力气，就可以轻轻松松到达想要去的楼层。

小白家住在顶楼，以前没电梯的时候，每次上楼都得爬楼梯，夏天的时候要出几身汗才能到家。物业让大家交钱安装电梯的时候，小白家第一个交了钱。在盼望之中，居民楼终于有了电梯。现在，小白从一楼到顶楼只需要一分钟时间，简直不要太方便。

有事没事，小白都爱坐电梯玩儿。他还请我坐了几次电梯，一会儿上、一会儿下的感觉就像魔法。这种感觉，我也挺喜欢。

突然有一天下午，小白气呼呼地来找我。

“小白，你为什么不高兴？发生了什么事儿？”看着小白一反常态，我挺诧异。

“你跟我来！”小白拉着我，来到电梯内，“电梯内贴满花里胡哨的广告，太难看了。”

“谁贴的呢？”我看了看那些广告，也觉得不太好看，便问道。

“不知道是谁贴的。”小白也是第一次看到电梯内的广告。

“别着急，我们回看一下时光，就知道是谁贴的了。”我轻轻地念了一声“时光回看”，将时光提前了几个小时，然后和小白站在电梯内，观看里面的动静。不多时，两位叔叔大摇大摆地来到电梯内。广告，就是他们贴的。

“他们太不像话了。赶紧让他们将广告撕下来。”小白央求我道。

“可以，但我得先看看他们现在在哪儿才行呀。”我轻轻地念了一声“人物追踪”，很快，我发现那两位叔叔正在小区另一栋居民楼的电梯内贴广告。

“他们竟然到处贴广告，太嚣张了。”小白义愤填膺，和我来到另一栋居民楼，找到那两位叔叔。

“你们乱贴广告，就不怕被罚款吗？”我问。

“谁说我们乱贴广告了。”两位叔叔理直气壮，并没有将我的话放在心上。

“这些事，物业也该管管了。”小白将气撒到物业身上，想去找物业理论。

“这些广告，就是物业让我们贴的。”没想到那两位叔叔语出惊人，竟然说这事儿与物业有关。

“电梯是我们业主出钱安装的，属于大家共有，凭什么物业做主允许你们贴广告。我们去找物业。”小白和我来到物业管理处。

那里，已经聚集了一堆人。

“你们也太不像话了，叫人在电梯内贴广告。”一位业主说。

“电梯是公共场所，贴上广告可不美观。”另一位业主附和道。

原来，大家已经弄明白了事情的缘由。物业接了广告，收了人家的广告费，才有了后来两位叔叔在小区电梯内贴广告的事。

“这钱，不能你们物管全收，我们也有份。”刚才那位说话的业主表达了自己的意见。

“下次贴广告，你们物管是不是应该提前通知大家一声？”大家开始起哄。

……

“我国《民法典》第二百八十二条规定，建设单位、物业服务企业或者其他管理人等利用业主的共有部分产生的收入，在扣除合理成本之后，属于业主共有。”我趁机说。

物业管理处的工作人员见大家很气愤，赶紧劝道：“广告费，也有大家一份。你们一个一个说……”

“既然广告费有我一份，我觉得那些广告也不是太难看。贴上就贴上吧！”小白悄悄对我说。

“这样呀，那好吧！你这个小财迷！”我看了看小白，暗笑着离开了小区。

魔法小贴士

《中华人民共和国民法典》第二百八十二条规定，建设单位、物业服务企业或者其他管理人等利用业主的共有部分产生的收入，在扣除合理成本之后，属于业主共有。

本故事中，物业管理处收了广告费，允许别人在小区电梯内贴广告，由于电梯属于业主的共有部分，所以物业的广告收入，在扣除合理成本之后，应当属于业主共有。

14. 座位之争

出差需要乘坐车辆，乘坐车辆需要买票。买到票之后，方可进站并按照票上的时间、班次和座位号乘坐车辆。按理说，这一切都应当有序地进行。可事与愿违的是，并不是每一次都那样顺利。

在众多的旅程中，总有那么几次不如意。有时候，我买好票却错过了乘坐的时间；有时候，我买好票却没有了座位。

先来说说错过乘坐时间的那一次旅程。记得那是去年冬天，一个天寒地冻的日子，我买好高铁票准备出行。为了能赶上高铁，我一大早就起了床，洗漱完毕就去赶车，好不容易坐上一辆面包车，又遇上了堵车。时间一分一秒地过去……等面包车开到火车站时，我应该乘坐的车次已经发车——我错过了自己该乘坐的车次。

此刻，你一定希望我用魔法将已经发出的车次暂停，或者退回来，让我重新坐上高铁。再或者，自己追上去……这些，我都不会用。因为魔法狮有时候也是需要体验平凡生活的。

平凡的生活，当然离不开《民法典》来做主。《民法典》第八百一十六条规定，旅客因自己的原因不能按照客票记载的时间乘坐的，应当在约定的期限内办理退票或者变更手续……也就是说，我可以在约定的期限内办理退票或者变更手续，重新开启新的旅程。

再来说说买好票却没有了座位的那些事。实不相瞒，这样的情况曾经有过好几次。

第一次的时候，我买好车票，按照规定的时间上了应该上的车。满以为可以坐上座位，舒舒服服地开始旅程。可仔细一看，晚了一步，自己的位置被别人坐了。对方是一位耄（mào）耋（dié）老人，看上去有些虚弱。尊老、敬老的美德，

我们狮子也是懂得的。所以，我默许了老人的行为，让老人安心坐了我的座位，然后自己随便找个地方站一站。

第二次的时候，我买好车票，按时上车，找到自己的位置，这一次还好，没人抢先坐了我的位置。我刚要坐下，一位孕妇来了，她没有买到有座位的票，就站在我身旁。我看不过去，直接将位置让给了她。她一番千恩万谢之后，坐了我的位置。之后，我又随便找了一个位置站着。一趟旅程下来，可把我累得腰酸背痛的。

第三次的时候，我买好车票，按时来到车上，寻找自己的位置。还好，我的位置靠窗，可以看外面的风景。我正想高兴地入座之时，一对夫妻跨步上前，抢了我的位置。那天，我有点儿感冒，身体不舒服，于是请他们让一下。

“我们交换一下位置吧。我们夫妻要坐在一起。”那位年轻女性轻描淡写地说。

“我今天不太舒服，想坐靠窗的位置——那个位置是我的。”我拿出车票，证明那就是我应该坐的位置。

“靠窗的和不靠窗的不都一样吗？”那位年轻女性并没有让出位置的意思。

“我国《民法典》第八百一十五条第一款规定，旅客应当按照有效客票记载的时间、班次和座位号乘坐。今天我不太舒服，想要坐回自己的位置。”我不想和她多说，直接拿出《民法典》让她看。

“好吧！”那位年轻女性见我不像是在开玩笑，只好让出了那个靠窗的位置。

魔法小贴士

《中华人民共和国民法典》第八百一十六条规定，旅客因自己的原因不能按照客票记载的时间乘坐的，应当在约定的期限内办理退票或者变更手续。第八百一十五条第一款规定，旅客应当按照有效客票记载的时间、班次和座位号乘坐。

本故事中，魔法狮遭遇堵车错过了乘坐的车次，只能另外购买车票，重新开启新的旅程了。同时，当自己的座位被别人强占时，也可以按规定要回。

15.“短命”的爸爸

心情不错的时候，我走起路来总有一阵风。风吹过的地方，会像被施过魔法一样快乐起来。哦，确切地说，不是像，是真的被施过魔法，那里的花儿、草儿绽开笑容，猫儿、狗儿开心地笑。

今天，好心情的我走过一座又一座山，一座又一座城，去了很多地方，施了很多魔法，让大家都有了我这样的快乐心情。

街口，两个孩子正在争吵，眼看就要打起来。他们之间究竟发生了什么事？难道是因为心情不好，才吵了起来？如果是这样的话，我必须让他们的心情也好起来。

“魔法魔法变变变——好心情快快来！”我大手一挥，开始施魔法。很遗憾，他们的心情只好了几分钟，又接着吵了起来。

“别吵了！有什么大不了的事，还要吵架？”我不得不走上前，将他俩拉开，并仔细询问起事情的起因来。

“小壮说我的爸爸是短命的爸爸。”一个孩子说。

“军军的爸爸，本来就是短命的爸爸。这是大家都知道的秘密。”那个叫小壮的孩子说。

“呜呜呜……”军军伤心极了，“我的爸爸走了一年了。”

“你的爸爸——”我本来想问军军的爸爸因为什么而去世，但是见他如此伤心，也就打住了这个话题。转头，我将小壮拉到一旁，“小朋友要团结，不要说一些伤害别人的话。”

“我只是说了在我爸爸手机里看到的内容，并不是想伤害军军。”那个叫小壮的孩子觉得自己很无辜，“我爸爸手机里面有很多关于军军爸爸的事儿，全都发在朋友圈。”

“还有这样的事。这，也太不像话了。”我使用魔法，看到了小壮爸爸的朋友圈，他在上面大骂军军的爸爸，还丑化、恶搞他的肖像，说他短命，多管闲事……

看着军军可怜兮兮的样子，我不忍心再向他询问他爸爸的情况，只好护送他回到家。在那里，我见到了军军的妈妈，并从她口中了解了他爸爸的一些事。

一年前的一天，军军的爸爸下班回家。途中，他看到歹徒持刀要挟一位姑娘。为了保护那位姑娘，他奋力上前夺刀，不料被歹徒刺伤。他忍着剧痛压制歹徒，直到警察赶到……因为失血过多，军军的爸爸经抢救无效去世了。军军的爸爸因其见义勇为的行为被当地政府授予“英雄烈士”称号。

“明明是英雄，为什么会被丑化？”我一听，义愤填膺。

“你说的是小壮他们一家吧？他们之所以这样，是因为归案的歹徒是他家的亲戚。”军军妈妈知道小壮的爸爸在网上丑化军军爸爸，却不知道如何反击。

“我国《民法典》第一百八十五条规定，侵害英雄烈士等的姓名、肖像、名誉、荣誉，损害社会公共利益的，应当承担民事责任。小壮的爸爸必须为他的行为负责。”我决定为军军“撑腰”。

“有了《民法典》，小壮再也不敢欺负我了。”军军的脸上绽开了久违的笑容。此刻，我觉得我又施了一次魔法，一次让人心情真正变好的魔法。

魔法小贴士

《中华人民共和国民法典》第一百八十五条规定，侵害英雄烈士等的姓名、肖像、名誉、荣誉，损害社会公共利益的，应当承担民事责任。

本故事中，军军的爸爸是见义勇为的英雄。小壮的爸爸却在朋友圈大骂他，还丑化、恶搞他的肖像，说他短命，多管闲事……这一系列的行为侵害了英雄的肖像、荣誉等权利，理当承担民事责任。

我与民法典的故事

我与民法典的故事

我与民法典的故事

图书在版编目（CIP）数据

我的第一本民法典启蒙书：身边的民法典故事 / 代晓琴著. —北京：中国法制出版社，2021.10
（法律启蒙书系列）
ISBN 978-7-5216-1774-0

Ⅰ. ①我… Ⅱ. ①代… Ⅲ. ①民法—法典—中国—通俗读物 Ⅳ. ① D923-49

中国版本图书馆 CIP 数据核字（2021）第 057801 号

责任编辑：程　思　　　　封面设计：李　宁

我的第一本民法典启蒙书：身边的民法典故事
WO DE DI-YI BEN MINFADIAN QIMENGSHU：SHENBIAN DE MINFADIAN GUSHI
著者 / 代晓琴
经销 / 新华书店
印刷 / 应信印务（北京）有限公司
开本 / 880 毫米 ×1230 毫米　32 开　　　　印张 / 4.5　字数 / 83 千
版次 / 2021 年 10 月第 1 版　　　　2022 年 10 月第 3 次印刷

中国法制出版社出版
书号 ISBN 978-7-5216-1774-0　　　　定价：28.00 元

北京市西城区西便门西里甲 16 号西便门办公区
邮政编码 100053　　　　传真：010-63141852
网址：http://www.zgfzs.com　　　　**编辑部电话：010-63141796**
市场营销部电话：010-63141612　　　　**邮购部电话：010-63141606**
（如有印装质量问题，请与本社印务部联系。）